감정 조절부터 관계 해결까지!

우리 학교에 마음 구조대가 떴다!

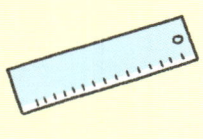

감정 조절부터 관계 해결까지!

우리 학교에 마음 구조대가 떴다!

박영주·변지선 글 | 김잔디 그림

올리

 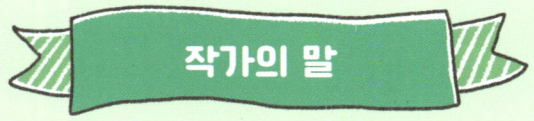 

여러분은 어떤 고민이 있나요? 성적, 외모, 친구와의 관계 등 다양한 문제 때문에 힘들어하고 있나요? 그렇다면 '마음 구조대'가 여러분과 함께할게요. 먼저 다음의 생각 수칙을 잘 읽어 보세요.

〈마음 구조대와 함께하며 가져야 할 생각 수칙〉

✏️ **1. 문제는 언제든 생길 수 있어요!**

우리는 살면서 많은 문제와 맞닥뜨려요. 문제는 우리를 힘들게도 하지만, 문제를 해결해 나가는 과정을 통해 마음이 단단해지고 건강해질 수 있게 도와주기도 해요.

✏️ **2. 문제 때문에 생긴 나의 감정을 알고 인정해요!**

누구나 화, 슬픔, 두려움 등의 부정적인 감정을 느낄 수 있어요. 이 또한 우리 마음 안에 있는 아주 소중한 감정들이랍

니다. 부정적인 감정이 들 때면 솔직하게 인정해 보세요. 예를 들어 '아, 내가 지금 화가 났구나.' 하고 받아들이면 감정을 좀 더 쉽게 다독일 수 있어요.

✏️ 3. 생각하는 것과 행동하는 것은 달라요!

사과하고 싶은 생각과 사과하는 행동은 달라요. 친구를 때려 주고 싶은 생각과 실제로 때리는 행동이 다른 것처럼요. 우리는 생각만으로 끝내야 할 것과 행동으로 실천해야 할 것을 구분해야 해요. 어떤 생각이나 행동이 자신과 다른 사람에게 피해를 주는지 아닌지를 살펴보면 확실히 구분할 수 있죠.

이제부터 마음 구조대가 가치 씨앗들로 여러분을 도와줄 거예요. 시도 때도 없이 생기는 문제들로 고민인 친구가 있다면, 이 이야기들을 읽어 보세요. 나를 사랑하고 친구를 존중하는 마음으로 학교생활에 자신감이 넘치게 될 거예요.

— 박영주, 변지선

차례

작가의 말 • 4

캐릭터 소개 • 8

활용법 • 10

프롤로그 • 12

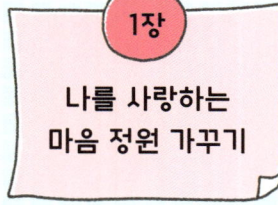

1장 나를 사랑하는 마음 정원 가꾸기

❶ 새로운 것이 무서워요 • 18
❷ 결심은 왜 3일도 못 갈까요? • 24
❸ 완벽하게 해내고 싶어요 • 30
❹ 발표 시간이 두려워요 • 36
❺ 내 모습이 마음에 들지 않아요 • 42
❻ 뭘 잘할 수 있을까요? • 48
❼ 부정적인 감정은 표현하면 안 되나요? • 54

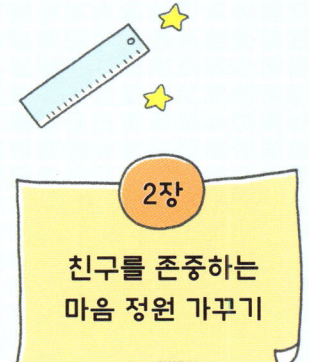

2장
**친구를 존중하는
마음 정원 가꾸기**

❶ 무조건 이기고 싶어요 • 62
❷ 내가 꼭 도와주어야 할까요? • 68
❸ 조언해 준 것뿐인데 잔소리 그만하래요 • 74
❹ 솔직하게 말했는데 상처받았대요 • 80
❺ 대충 하면 안 되나요? • 86
❻ 비밀을 꼭 지킬 필요가 있을까요? • 92
❼ 친한 친구에게 질투심이 나요 • 98

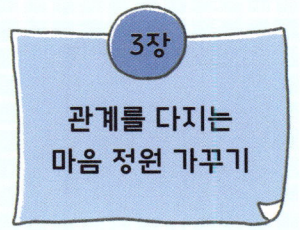

3장
**관계를 다지는
마음 정원 가꾸기**

❶ 누구 편을 들어야 할지 모르겠어요 • 106
❷ 생일 파티에 누구를 초대해야 할까요? • 112
❸ 자기들 마음대로만 해요 • 118
❹ 조별 과제는 너무 싫어요 • 124
❺ 비싼 선물이 마음보다 중요한가요? • 130
❻ 지나친 부탁을 다 들어주어야 할까요? • 136
❼ 우리가 정말 친구일까요? • 142

에필로그 • 148
마음 구조대의 가치 씨앗 • 152

캐릭터 소개

가치 씨앗을 지닌 마음 구조대 친구들을 만나 보세요!

감정씨

마음 돋보기로 들여다보면 아이들이 어떤 감정을 느끼는지 알 수 있어. 아이들의 불편한 감정을 공감하고 잘 달래 줘.

성실씨

모든 일을 열심히, 정성스럽게 해. 힘이 들면 얼굴이 너무 빨개져서 의자에서 쉬어야 하지.

배려씨

따뜻한 마음씨로 뭐든 도와주려고 해. 그런데 그 마음이 지나쳐서 엄청 뜨거워질 때가 있어. 그럴 땐 부채질로 뜨거워진 마음을 식혀.

정의씨
규칙을 잘 지키고 모든 사람을 평등하게 대해. 양팔저울로 공평한 상황인지 살펴보지.

책임씨
맡은 일을 중요하게 여겨. 책임의 무게가 너무 무거워지면 잘 움직이지 못해서 친구들과 나누려고 잠시 가방에 넣어 놔.

함께 등장하는 친구들도 만나 보세요!

쾅쾅이
부정적인 감정을 모아서 폭탄처럼 터트려.

착착이
문제가 해결된 아이의 마음 씨앗을 모으는 저금통이야.

팍팍이
위급한 상황에서 아이들에게 용기를 충전해 줘.

문제 상황에서 슬기롭게 대처하는 방법을 배워 보세요!

1 벌어진 문제 상황을 생생한 동화로 읽어요.
친구에게 어떤 고민이 생겼는지 알 수 있어요.

2 감정씨에게 불편한 마음을 위로받아요.

3 어떤 기준으로 문제 상황에 대처하면 좋을지 성실씨, 배려씨, 정의씨, 책임씨가 각각 조언해 줄 거예요. 어떤 가치 씨앗을 골라도 도덕적으로 옳은 해결책이니 다 괜찮아요.

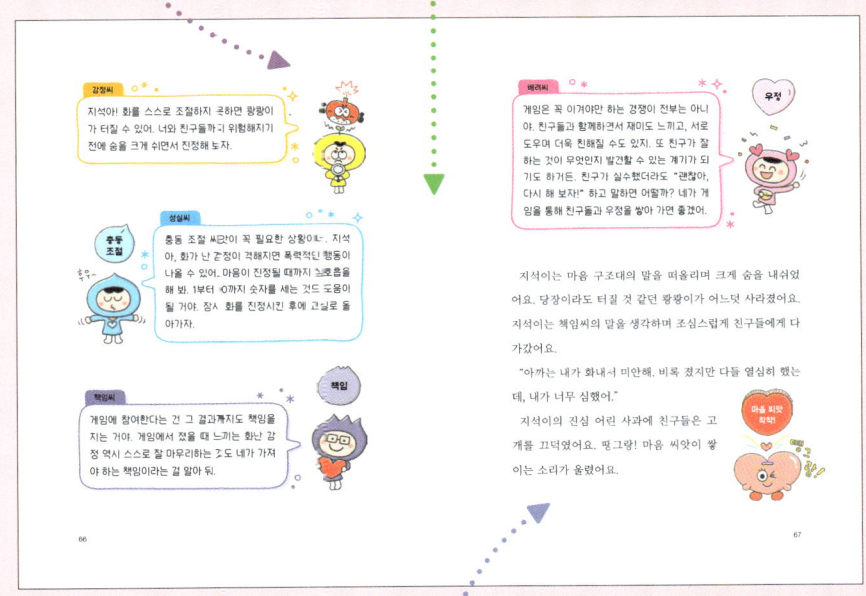

4 동화 속 친구가 선택한 가치 씨앗은 무엇인지 같이 읽어 봐요.
나라면 어떤 가치 씨앗을 선택할지 생각해 보세요.

"펑!"

자욱한 안개가 퍼지며 감정씨, 성실씨, 배려씨, 정의씨, 책임씨가 하늘에서 떨어졌어요.

"어이쿠! 여기가 어디야? 앗, 학교잖아!"

먼저 정신이 든 책임씨가 말했어요.

사건, 사고가 많은 학교는 마음 구조대가 자주 출동하던 곳이었어요. 하지만 마음 구조대는 '게을러져병'에 걸려서 꼼짝도 하지 않게 되고, 마음 병원에서 치료를 받았지만 후유증으로 게으름이 조금씩 남게 되었지요. 늘 성실하게 일하던 성실씨는 후유증이 유독 심해서 게으름을 피우다가 얼굴빛마저 하얘지고 있었어요.

마음 나라의 임금님은 마음 구조대가 빨리 본모습으로 돌아오기를 기다렸어요. 하지만 마음 구조대는 영 게으름을 버리지 못했지요. 그러다 이렇게 마음 나라에서 쫓겨난 거예요.

하늘에서 우렁찬 목소리가 울려 퍼졌어요.

"이 녀석들! 너희들이 제대로 일을 하지 않아 인간 세상이 엉망진창이 되었다. 마음 나라의 마음 정원 또한 아이들의 마음 씨앗이 부족해서 꽃이 하나도 피지 않았어."

"아이고, 잘못했습니다."

마음 구조대는 입을 모아 말했어요. 하지만 마음 나라 임금님의 노여움은 쉽게 가시지 않았어요.

"가장 엉망이 된 곳이 어디인 줄 아느냐? 바로 학교이니라! 사랑스러운 아이들의 마음이 점점 힘들어지고 있다. 다 너희들의 게으름 때문이야. 당장 인간 세상으로 내려가서 아이들의 고민을 살펴보고, 올바른 해결책을 알려 주어라. 아이들이 너희들의 가치 씨앗을 골라 마음의 문제를 해결하면 착착이 속에 아이들의 마음 씨앗이 가득 채워질 것이다. 이번에도 게으름을 피우면 다시는 마음 나라로 돌아오지 못한다."

감정씨는 놀라서 얼굴이 회색빛이 되었어요. 옆에 있던 배려씨가 감정씨를 토닥토닥 다독여 주었어요.

"우리 정말 정신 바짝 차리자."

성실씨가 떨리는 목소리로 말했어요.

"지금부터라도 빨리 움직이면 돼."

책임씨도 나서서 말했어요.

"잠깐, 어디서 한숨 소리가 들리지 않아?"

감정씨가 마음 돋보기를 들여다보았어요. 거기에는 풀이 죽은 여자아이의 모습이 보였어요.

"저런! 너무 힘들어 보여. 우리가 이 아이를 도와주자!"

정의씨의 말에 모두 용기를 내어 외쳤어요.

"좋아! 힘을 내 보자고. 마음 구조대 출동!"

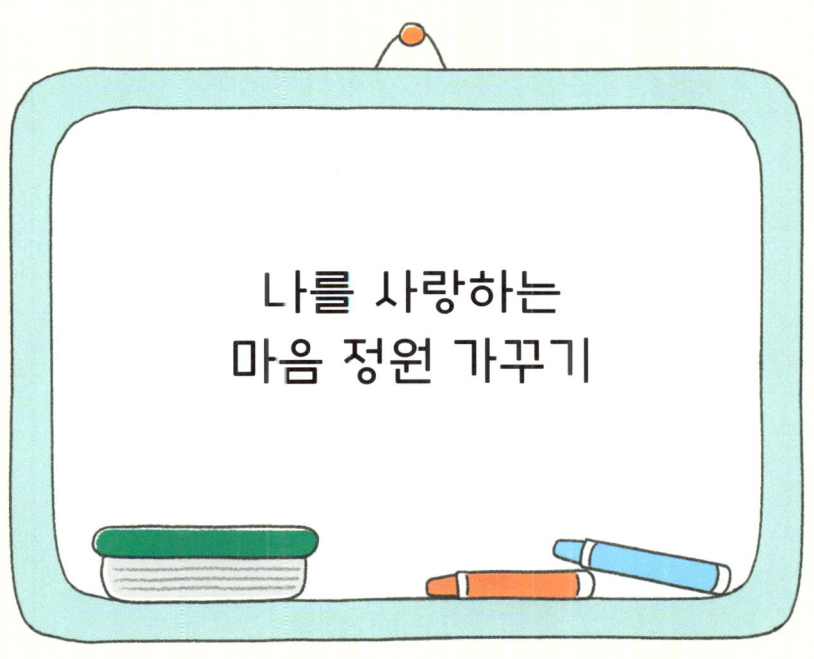

나를 사랑하는 마음 정원 가꾸기

1 새로운 것이 무서워요

'줄넘기도 겨우 익숙해졌는데, 또 새로운 걸 하라고?'

미주는 체육 시간에 뜀틀을 한다는 말에 덜컥 겁부터 났어요. 미주의 허리보다 높은 뜀틀은 쉽게 넘을 수 없을 것 같았거든요. 미주는 선생님의 설명과 시범을 집중해서 보았어요. 친구들도 쉽게 뛰어넘는 것을 보니 그리 어려워 보이지 않았지요. 하지만 미주가 뛸 차례가 가까워질수록 긴장이 몰려왔어요.

"후우. 후우. 후우."

미주는 숨을 거칠게 내쉬었어요.

드디어 미주의 차례. 미주는 손에 땀이 나고 다리가 후들거렸어요. 뜀틀이 거대한 산처럼 보였지요.

"미주야, 빨리 뛰어!"

미주의 마음을 모르는 친구들이 재촉했어요. 미주는 어쩔 수 없이 뜀틀을 향해 뛰었어요.

미주의 발소리가 운동장에 울렸어요. 미주는 선생님의 설명을 떠올렸어요.

'손을 짚고 점프하면······.'

하지만 뜀틀과 마주한 순간, 미주는 우뚝 서고 말았어요.

"무서워요······. 도저히 못 넘겠어요."

"괜찮아. 다시 해 볼래? 선생님이 도와줄게."

선생님의 말에도 미주는 고개를 저으며 맨 끝줄로 터덜터덜 돌아갔어요. 나은이가 자신도 뜀틀을 넘다가 걸렸다며 미주를 달랬어요. 하지만 미주는 선생님의 격려도, 나은이의 위로도 들리지 않았어요.

그사이 친구들은 다시 뜀틀로 돌진해서 폴짝폴짝 잘도 뛰어넘고 있었어요. 앞에 있던 친구들이 하나씩 달려갈 때마다 미주의 심장은 방망이질 쳤어요.

다시 미주의 차례가 되었어요. '넘을 수 있을까?', '다치지는 않을까?' 하는 불안한 생각들이 스쳐 지나갔지요.

그때 선생님이 말했어요.

"미주야, 선생님이 도와줄게. 한번 해 볼래?"

미주는 울상이 된 얼굴로 고개를 저었어요. 미주는 줄 옆으로 빠져 친구들을 바라봤어요. 뜀틀을 향해 달려가는 아이들은 즐거워 보였지요.

'친구들은 재미있나 보네. 나는 무서운데……. 아! 정말 바보 같아.'

미주는 언제나 새로운 것이 무서워요. 처음 먹는 음식도, 학교에서 처음 만난 친구들과 선생님도, 그리고 새 교실까지도 불편하고 무서웠지요. 조금 지나면 별것 아니라는 생각을 하면서도 매번 이러는 게 속상했어요.

"와!"

친구들의 환호와 박수 소리가 들렸어요. 나은이가 뜀틀 넘기에 성공한 거예요. 나은이는 활짝 웃으며 기뻐했어요. 그 모습을 보니 미주는 더 울적해졌어요.

'난 이상한 아이인가? 뭐가 잘못된 걸까?'

감정씨

안녕? 미주야, 난 감정씨야. 너, 지금 많이 불안하구나. 불안은 위험을 피하거나 대비하기 위해 꼭 필요한 감정이지. 지금 상황이 너에게 낯설고 위험하게 느껴져서 불안한 거야.

성실씨

불안할 땐 나, 성실씨의 감정 표현 씨앗이 필요하지. 이건 불안한 감정을 알아차리고 받아들이는 씨앗이야. '아, 내가 지금 불안을 느끼고 있구나.' 하는 생각이 들면 코로 크게 숨을 들이마시고 천천히 내쉬어 봐. 이렇게 여러 번 심호흡을 하다 보면 불안이 조금 누그러질 거야. 그런 다음 선생님께 말씀드려. "지금은 너무 무섭고 불안해서 시간이 필요해요."라고.

책임씨

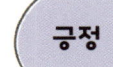

미주야, 반가워. 난 책임씨야. '나는 할 수 없어. 못 할 거야.'라는 생각은 네 불안을 키울 뿐이야. '실패해도 괜찮아. 처음부터 잘할 순 없으니까.' 하며 긍정적으로 생각해 봐. 한결 마음이 가벼워질 거야.

미주는 처음 보는 마음 구조대에 깜짝 놀랐어요.

"앗, 너희는 누구야?"

그러자 성실씨가 웃으며 말했어요.

"우린 네 마음을 지켜 주러 온 마음 구조대야!"

"그럼 너희들이 말한 게 다…… 내 마음을 도와주는 거야?"

마음 구조대는 고개를 끄덕였어요.

"우리가 알려 주는 가치 씨앗들을 잘 살펴보고, 네가 실천할 수 있는 걸 하나 골라 봐. 우리가 곁에서 도와줄게."

미주는 곰곰이 생각했어요.

'그래, 실패해도 괜찮아. 도전만으로도 대단한 거야.'

미주는 책임씨의 긍정 씨앗을 골랐어요. 그러자 용기가 살짝 생겼어요. 그래서 친구들 뒤로 가서 다시 줄을 섰어요.

미주의 차례! 미주는 뜀틀을 향해 달렸어요.

미주는 쿵 하고 뜀틀 위에 앉아 버렸어요. 짝짝짝! 그때 친구들의 박수가 터졌어요. 박수 소리와 함께 착착이 속에 미주의 마음 씨앗이 모였어요. 땡그랑!

2 결심은 왜 3일도 못 갈까요?

"일주일 동안 '나와의 약속' 실천표를 잘 썼나요? 한번 확인해 볼게요."

선생님의 말에 재후는 깜짝 놀랐어요. 지난주에는 실천표를 제대로 쓰지 못했으니까요. 재후는 '매일 저녁에 책 한 권 읽기'를 하겠다며 각오를 다졌지만, 이틀밖에 지키지 못했어요. 분명 '럭키 세븐!'이라는 의미로 7일 동안 매일 한 권씩 일곱 권의 책을 읽는 것을 목표로 했는데 말이에요.

계획을 세울 때는 자신만만했지만 재후의 저녁 독서를 방해하는 일이 너무 많았어요. 책을 읽는 것보다 동생이랑 노는 게 더 재미있고, 텔레비전도 재미있고, 엄마가 30분씩 주는 게임 시간도 놓칠 수 없었지요. 그뿐이 아니에요. 책을 읽으려고 단단히 마음먹고 책상 의자에 앉으면 거실에서 가족들이 무엇을 하는지 궁금해서 참을 수가 없었어요. 그때마다 재후는 책을 덮고 거실로 나갔어요. 이제서야 후회가 밀려왔지만 이미 돌이킬 수 없었어요.

재후는 다른 친구들의 실천표를 보았어요. 동그라미가 가득한 친구들의 실천표를 보니 재후의 마음은 뜨끔하다 못해 따끔따끔했지요. 재후의 실천표는 다섯 칸이 비어 있었어요. 빈칸에 × 표시를 해야 했지만 재후는 선생님에게 꾸중을 들을까 봐 머뭇거렸어요.

"재후야, 빈칸은 어떻게 된 거니?"

"실천 약속을 지키지 못했어요. 죄송해요."

재후는 선생님에게 솔직히 말했어요. 선생님은 꾸중 대신 다시 도전해 보라며 격려해 주었어요. 재후는 사인펜을 들고

빈칸에 × 표시를 했어요. 한 칸 한 칸 ×를 칠 때마다 재후의 마음에도 ×를 치는 것 같았어요.

'나는 이것밖에 못 하나 봐. 다른 친구들은 계획대로 다 실천했는데, 나는 이게 뭐람?'

그사이 친구들은 자신과의 약속을 어떻게 지켰는지, 그리고 지키고 난 뒤의 느낌은 어땠는지에 대해 발표했어요. 아람이는 재후와 똑같이 '매일 저녁에 책 한 권 읽기'를 자신과의 약속으로 정했는데, 모두 지켰다며 소감을 말했어요.

"매일 실천하는 것이 쉽지 않았지만 저와의 약속을 지켜서 뿌듯했어요. 계속 실천해 보려고 해요. 그리고 재미있는 책들도 많이 알게 됐으니 친구들에게도 소개해 줄 거예요."

재후는 자신이 더욱 한심해 보였어요.

'부럽다. 나도 아람이처럼 하고 싶었는데……. 나는 왜 늘 이럴까? 처음에는 잘하다가도 얼마 못 가서 그만두었던 결심이 너무 많아. 나는 정말 아무것도 해내지 못하는 걸까?'

재후는 한숨을 푹 쉬었어요.

감정씨

저런! 재후야, 속상하겠다. 그렇다고 이대로 포기할 수는 없잖아? 마음 구조대의 이야기를 듣고 다시 힘을 내 봐. 파이팅!

성실씨

난 재후에게 인내 씨앗을 주고 싶어. 인내는 어려움을 참고 견디는 거야. 인내에도 연습이 필요하니까 자기와의 약속을 조금 고치면 어떨까? 매일 책 한 권이 아니라, 다섯 쪽씩 읽는 것으로 바꾸는 거지. 조금씩이라도 책을 읽으면서 자기와의 약속을 지키면 어느새 인내심이 자랄 거야. 이 성실씨가 응원할게.

배려씨

협동 씨앗은 어때? 협동은 서로의 마음과 힘을 하나로 합해 문제를 해결해 나가는 거야. 혼자서 하기 힘들 땐 친구들과 작은 책 모임을 만들어도 좋고, 동생에게 함께 책을 읽자고 말해 볼 수도 있어. 서로 격려하면서 결심을 이룰 수 있는 힘이 되어 줄 거야.

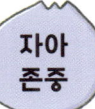

> **책임씨**
> 난 자아 존중 씨앗을 추천해. 자신과의 약속을 지키기 위해서는 먼저 자신을 응원하고 보살펴야 해. 자신을 향한 비난은 멈추고 다시 시작해 보자. 넌 할 수 있어!

"혹시 너희가 소문으로 듣던 마음 구조대야?"

재후가 묻자 마음 구조대는 어깨를 으쓱했어요.

감정씨는 기분이 좋아져서 신나게 대답했지요.

"맞아! 우리가 추천해 준 가치 씨앗은 어땠니?"

재후는 가치 씨앗들을 떠올려 보았어요. 그리고 자신이 왜 결심을 실천하지 못했는지 깨달았지요.

"응. 난 인내 씨앗이 필요해. 그리고 하루에 책 한 권은 너무 벅찼던 것 같아. 대신 하루에 열 쪽씩 읽어 볼래."

마음 구조대는 환하게 웃으며 박수 쳤어요. 재후는 그 응원에 힘입어 실천표를 다시 쓰기 시작했어요. 땡그랑! 그때 착착이 속에 재후의 마음 씨앗이 소중히 쌓였어요.

❸ 완벽하게 해내고 싶어요

'독도의 날'을 맞이해 시윤이네 반에서는 자율 활동 시간에 독도 그리기를 하기로 했어요. 시윤이는 독도를 잘 그려서 친구들 앞에서 멋지게 발표하고 싶었어요.

시윤이는 선생님의 허락을 받고 태블릿PC로 독도를 검색했어요. 푸른 바다 위에 우뚝 솟아 있는 독도는 멋있으면서도 외로워 보였어요. 그래서 독도 새우와 강치, 갈매기 그리고 독도를 지키는 독도경비대를 섬 주변에 그리기로 했지요.

그런데 밑그림부터 마음에 들지 않았어요.

"흠, 독도와 전혀 닮지 않았어. 다시 그려야겠다."

시윤이의 혼잣말을 듣고 짝꿍 민지가 말했어요.

"진짜 잘 그렸는데 왜 다시 그려?"

시윤이는 고개를 가로저었어요.

"아니야. 여기는 더 크게 그려야 하고, 이 부분은 튀어나와야 하는데 평평하잖아. 여기는 선이 비뚤고……. 아! 맘에 안 들어. 완벽하게 그리고 싶단 말이야. 다시 그릴 거야."

"또 시간 모자란다고 하려고? 두 시간밖에 없어. 그냥 이어 그려. 지금도 독도 같아."

하지만 시윤이는 민지의 충고를 듣지 않고 밑그림을 다시 그렸어요. 그렸다 지웠다를 반복하다가 겨우 독도만 그릴 수 있었지요. 그런데 벌써 한 시간이 지나가 버렸어요. 주변을

둘러보니 다른 친구들은 벌써 색칠을 하고 있었어요.

시윤이는 쉬는 시간에도 계속 그림을 그렸어요. 독도 새우의 다리와 수염까지 하나하나 자세히 그리려다 보니 쉬는 시간도 금세 지나갔어요.

'강치도 그려야 하고, 갈매기도 그려야 하고, 독도경비대도 그려야 하는데……. 발표 준비는 언제 하지?'

시윤이는 마음이 무겁고 답답해졌어요. 시간은 점점 빨리 흐르고, 다른 친구들은 그림을 완성해서 발표 준비를 하고 있었지요. 보다 못한 친구들이 대충 빨리 그리라고 했지만, 시윤이에게는 그 말이 들리지 않았어요.

'강치랑 갈매기, 독도경비대까지 완벽하게 색칠해서 발표하고 싶어. 이렇게 대충 하고 싶지는 않아.'

시윤이의 마음이 무거워질수록 손도 무거워졌어요. 시윤이는 오늘도 완벽하게 끝내기는 어렵겠다는 생각이 들었지요.

'분명 잘하고 싶었는데, 왜 늘 이렇지?'

시윤이는 발표하는 친구들을 보며 부럽기도 하고 부끄러운 마음도 들었어요.

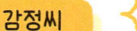
감정씨

시윤아, 너무 실망하지 마! 조금은 가벼운 마음으로 마음 구조대의 이야기를 들어 볼래?

자아 존중

책임씨

너에게 자아 존중 씨앗을 추천해. 자아 존중은 자신을 아끼고 소중히 여기는 마음이야. 네가 완벽하게 그림을 그리지 못했더라도 스스로를 비난하지 않는 마음이기도 하지. 열심히 노력한 자신을 응원해 주면 좋겠어.

성실씨

성실 씨앗은 어때? 성실은 목표를 향해 힘과 정성을 다하는 가치야. 흠잡을 데 없는 결과물에만 집착하는 완벽주의와는 다르지. 독도에 대한 몇 가지 주요 정보만 그리고, 나머지는 글로 쓰거나 발표를 통해 표현해 보면 어떨까? 이렇게 해도 네가 정성을 다해 독도를 표현하고자 했던 진심은 전달될 수 있어.

성실

배려씨
완벽하게 잘해 내고 싶다는 마음이 참 멋지다. 하지만 한 번에 다 잘하기는 어려워. 팍팍이로 용기를 충전해 줄 테니, 포기하지 말고 다시 해 봐.

'성실씨 말이 맞아. 내가 너무 완벽하게 그려야 한다는 생각만 했어. 하지만 그만큼 잘하고 싶었던 거니까 이대로 아무 말도 못 하고 끝내긴 싫어. 완성은 못 했지만 그래도 지금까지 한 걸 보여 줄래. 내 노력이 아깝지 않도록.'

시윤이는 그림을 들고 조심스럽게 친구들 앞에 섰어요. 그리고 용기를 내어 말했지요.

"완벽하지는 않지만 제가 그린 건 외롭지 않은 독도입니다. 독도 새우와 강치, 갈매기, 독도경비대까지 있는 독도! 독도를 지켜 주고 싶은 마음을 담았습니다."

친구들과 선생님은 시윤이의 발표에 힘찬 박수를 보냈어요. 마음 구조대도 뿌듯한 얼굴로 함께 박수를 쳤어요.

4 발표 시간이 두려워요

"선생님! 머리가 너무 아파요."

세호가 얼굴을 잔뜩 찡그리며 선생님에게 말했어요.

"그래?"

선생님이 걱정스러운 표정으로 다가오자 세호는 움찔하며 뒤로 물러났어요. 아프다는 건 거짓말이었거든요. 세호는 선생님이 거짓말을 눈치챌 것 같아 겁이 났지만, 사실대로 말하기는 더 두려웠어요.

"보건실에 가서 누워 있고 싶어요."

"이제 곧 수업이 시작되는데?"

세호가 울상을 짓자, 선생님은 보건실에 가는 걸 허락해 주었어요.

"진수야, 너도 보건실에 간다고 했지? 세호랑 같이 조심히 다녀와라."

"네, 선생님."

진수는 세호에게 다가갔어요. 하지만 세호는 조금 창피해서 혼자 복도로 나왔어요.

"야, 너 꾀병이지? 국어 숙제 안 해 온 거야?"

뒤따라온 진수가 세호를 툭 치며 말했어요.

"숙제했어."

"근데 왜 갑자기 아파? 설마 발표 때문에 도망가냐?"

"도망가는 거 아니거든. 진짜 아프다니깐."

"너 어제 과학 시간에도 배 아프다고 그랬잖아. 실험 보고서 발표할 때."

사실 진수의 말이 맞아요. 세호는 국어 시간에 발표를 해야 해요. 숙제도 다 했기 때문에 앞에 나가서 읽기만 하면 되는데 너무 떨려서 피하고만 싶었어요.

"선생님도 네가 발표하기 싫어서 도망가는 거 아실 거야."

진수는 계속 세호를 따라오며 놀리듯이 말했어요.

속이 상한 세호는 보건실에 먼저 들어가서 진수가 들어오기도 전에 문을 닫아 버렸어요. 보건 선생님은 세호의 몸을 살피더니 조금 쉬면 괜찮을 거라고 했어요.

보건실 침대에 누워 있는 동안 세호는 생각했어요.

'난 너무 겁쟁이야. 왜 발표를 못 하는 걸까?'

세호는 답을 알아도 손을 들고 발표한 적이 없어요. 어쩌다 선생님이 세호의 이름을 부르면 아는 내용도 제대로 말하지 못했지요.

"저요, 저요!"

그때마다 친구들은 세호 대신 손을 번쩍번쩍 들었어요. 세호는 친구들이 부럽기만 했어요. 이런 생각도 들었어요.

'왜 자꾸 발표를 하라는 거야? 그냥 내가 알고 있으면 되는 거 아닌가?'

세호는 또 다른 걱정도 생겼어요. 선생님과 친구들이 세호가 숙제를 해 오지 않아서 꾀병을 부린다고 생각할 것 같았거든요.

'그냥 교실에 가서 숙제는 다 했다고 말할까?'

세호는 교실로 돌아가고 싶었어요. 그렇지만 수업 중에 교실 문을 열면 다들 자기를 쳐다볼 것 같았어요. 그 생각만으로도 세호는 가슴이 뛰었어요.

'어떻게 하면 좋지?'

감정씨

발표 때문에 세호가 긴장을 많이 했구나. 자꾸 거짓말하게 되니까 마음도 불편하고? 마음 구조대와 함께 해결책을 찾아 보자!

성실씨

세호야, 거짓말로 상황을 피하는 건 좋은 방법이 아니야. 정직 씨앗을 줄 테니 힘든 마음을 선생님에게 솔직히 말하면 어떨까? 발표할 때 긴장되고 움츠러든다고 말이야. 선생님이 너의 진짜 마음을 알면, 분명 적절한 도움을 주실 거야.

배려씨

내가 나서야겠군. 협동 씨앗을 줄 테니 너와 같은 어려움을 겪고 있는 친구들과 이야기해 보면 좋겠어. 또 발표보다는 발표 준비가 어려운 친구와도 이야기해 봐. 친구들과 대화하다 보면 너 혼자만 느끼는 어려움이 아니라는 걸 깨닫게 될 거야. 분명 함께 이겨 낼 수 있는 아이디어를 얻게 될 거라고!

책임씨

세호는 발표에 대한 두려움과 선생님을 실망시킬지도 모른다는 걱정을 갖고 있구나. 이런 부정적인 감정도 받아들일 수 있는 긍정 씨앗이 필요하겠어. 움츠러든 자신을 탓하기보단 다독이며 응원하자!

"아직도 무섭고 떨리지만 더는 거짓말하고 싶지 않아."

마음 구조대의 격려에 용기를 낸 세호가 교실로 돌아갔어요. 뒷문을 조심스럽게 열자 선생님과 친구들이 세호를 쳐다보았어요. 세호는 결심한 듯 숨을 한번 들이켜고 말했어요.

"선생님! 혹시 제 발표 차례가 지났나요?"

선생님이 싱긋 웃으며 말했어요.

"세호는 진규 다음에 발표하면 된단다."

세호의 심장이 쿵쾅대기 시작했어요. 세호는 주문을 외우듯 스스로에게 말했어요.

"긍정적으로 생각하자. 이번에는 도망가지 않고 꼭 도전할 거야."

점심시간이 되었어요. 여경이는 친구들과 손을 씻으러 화장실에 갔어요. 줄을 서서 화장실 거울에 비친 자신의 모습을 본 여경이는 얼굴을 찌푸렸어요.

'어제도 적게 먹었는데 왜 이렇게 뚱뚱하지? 오늘 점심은 안 먹어야겠어.'

여경이는 거울을 보며 다짐했어요.

친구들은 급식실로 하나둘 이동하기 시작했고, 여경이도 그

뒤를 따라 걸었어요. 하지만 발걸음이 자꾸 느려졌어요. 머릿속에는 거울 속 모습만 맴돌았어요.

여경이는 급식을 받으며 작은 목소리로 말했어요.

"조금만 주세요. 배가 아파서요."

선생님은 보건실에 가야 하는 게 아니냐며 걱정했어요. 여경이는 속이 조금 울렁거릴 뿐이라고 둘러댔지요.

식판에는 아주 적은 양의 밥과 국, 반찬이 담겨 있었지만, 여경이는 이마저도 먹고 싶지 않았어요. 젓가락으로 밥알을 세면서 천천히 먹고 있는데 옆에 앉은 진아가 말했어요.

"배가 많이 아파? 선생님이 억지로 먹지 않아도 된다고 하셨잖아."

"너는 벌써 다 먹었구나. 난 그만 먹고 버릴래."

여경이는 남은 밥과 반찬을 국그릇에 모아 잔반통에 버렸어요. 버려지는 음식을 보니 마음이 좋지 않았어요.

급식실을 나온 여경이는 진아와 함께 화장실로 갔어요. 여경이는 거울 앞에 다시 섰어요. 여전히 자기 모습이 마음에 들지 않았지요.

"아아, 난 너무 못생겼어. 눈은 왜 이렇게 작을까? 진아야, 넌 키도 크고 말라서 좋겠다. 난 왜 이렇게 작고 뚱뚱하지?"

"무슨 소리야! 네가 어디가 뚱뚱해? 너 혹시 살 빼려고 밥을 안 먹은 거야?"

여경이는 아무 말 없이 고개를 끄덕였어요.

"난 왜 이렇게 생겼을까? 정말 우울해."

여경이는 점점 더 속이 상했어요. 점심밥을 거의 먹지 않아 속도 울렁거리기 시작했지요. 힘들어하는 여경이를 보며 진아가 교실로 가자고 했어요.

진아 손에 이끌려 교실로 돌아온 여경이는 자리에 앉자마자 손거울을 꺼냈어요. 작은 거울 안에 비친 자신의 눈, 코, 입 모두가 마음에 들지 않았지요.

진아는 여경이에게 거울 좀 그만 보라고 말했어요. 하지만 여경이는 아랑곳하지 않고 거울만 쳐다보았어요.

"코가 좀 더 높았으면 좋겠어. 이렇게 말이야."

여경이는 자신의 코를 잡아 위로 들어 올렸다 내렸다를 반복했어요.

그런데 이 모습을 같은 반 친구 경일이가 보았어요. 경일이는 킥킥 웃으며 여경이에게 말했어요.

"돼지다, 꿀꿀꿀."

여경이는 경일이의 말이 진짜인 것 같았어요.

'난 너무 못생겼어. 난 내가 맘에 들지 않아.'

여경이는 책상에 팍 엎드렸어요.

감정씨

저런! 여경이의 마음 안에 우울함이 가득하구나. 마음 구조대의 위로와 조언이 힘이 되길 바라.

정의씨

여경이의 마음속에 자신을 미워하는 마음이 해결되지 않고 쌓여서 쾅쾅이가 터지려고 해. 자기 외모를 남들과 비교하는 태도는 다른 사람들이 세운 기준에 나를 억지로 끼워 맞추는 것밖에 안 돼. 나를 소중히 여기는 마음으로 바라보면 내 모습이 다르게 보일 거야. 좀 더 당당해지길 바라.

성실씨

정의씨 말에 동감해. 우리 모두는 각기 다른 외모와 나만의 독특한 성격을 가진 소중한 존재들이야. 여경아, 나에 대한 기준은 남이 아니라 내가 정해야 해. 내 삶의 주인은 나니까. 나는 어떤 장점이 있는지 스스로를 돌아보고, 그 장점을 살릴 방법도 직접 선택해 보자.

자주

책임씨
겉모습이 아름다워도 가음이 건강하지 않으면 무슨 소용이겠어. 자기 모습을 남들과 비교하면서 속상해하지 말자. 세상에는 다양한 아름다움이 있어. 지금의 너도 충분히 예쁘고 건강하다는 사실을 잊지 마.

아름다움에 대한 사랑

 마음 구조대의 이야기를 들은 여경이의 얼굴이 점점 밝아졌어요. 여경이는 진아를 돌아보며 말했어요.
 "진아야! 너는 지금 내 모습이 괜찮다는 거야?"
 "물론이지. 넌 귀엽잖아! 나와는 다른 매력이야. 그걸 꼭 알았으면 좋겠어."
 여경이는 거울을 다시 봤어요. 성실씨의 말이 떠올랐어요.
 "맞아. 내 매력은 귀여움이지. 내 귀여움을 이길 사람은 없을걸!"
 여경이의 말을 듣고 진아는 웃음이 빵 터졌어요. 그와 동시에 두 친구의 고운 마음 씨앗이 착착이 속에 모였답니다.

47

"이번 달에 있을 학부모 공개 수업에서는 여러분의 끼와 재능을 보여 줄 수 있는 발표회를 하려고 해요."

선생님의 이야기에 지영이는 한숨부터 나왔어요. 남들보다 잘하는 게 없다고 생각하니까요.

그런데 다른 아이들은 앞다퉈 손을 들고 질문하느라 바빴어요.

"장기자랑 같은 건가요?"

"친구랑 같이 해도 돼요?"

"하고 싶은 사람만 하는 건가요?"

교실은 발표회를 향한 열기로 잠시 소란스러워졌어요.

"우리 모두 참여해서 만드는 재능 발표회라고 생각하면 돼요. 여러분이 각자 잘할 수 있는 것을 찾아 연습해서 발표해 보도록 해요."

선생님의 말에 지영이는 더더욱 걱정이 앞섰어요.

'각자 잘할 수 있는 것? 난 잘하는 게 없는데! 노래? 춤? 악기 연주? 도대체 뭘 해야 하지?'

그때였어요. 선생님이 발표회 계획서를 나눠 주며 다음 주까지 써 오라고 했어요. 계획서를 받아 든 지영이는 또다시 한숨이 나왔어요. 무엇을 발표해야 할지도 막막한데 발표 시간, 준비물, 발표 연습 계획까지 써야 했으니까요.

'난 할 줄 아는 게 없는데, 진짜 큰일 났다. 도대체 뭘 해야 할까?'

지영이와 달리 아이들은 신이 나서 이야기꽃을 피웠어요.

"난 이번에 여자 아이돌 댄스를 출 거야. 생각보다 어렵지 않더라고! 조금만 연습해서 발표회 때 추면 정말 멋질걸?"
 아이돌처럼 춤을 잘 추는 서현이의 주변으로 친구들이 하나둘 모여들었어요.
 운동을 잘하는 민기는 축구공 묘기를 보여 준다고 했고, 그림을 잘 그리는 찬희는 그동안 그린 그림들을 동영상으로 찍어 소개한다고 했어요. 리코더와 칼림바를 함께 연주하겠다고 하는 친구들도 있었어요.

지영이도 친구들처럼 남들보다 뛰어난 재능을 뽐내고 싶었어요. 하지만 아무리 생각해 봐도 그런 특출난 재능이 없는 것 같았어요.

'부럽다. 나는 뭐 하나 잘하는 게 없는데……. 뭘 해야 할까? 진짜 막막해. 어쩌지?'

벌써 발표회 계획서를 채우고 있는 친구들을 보니 지영이의 마음이 더욱 답답해졌어요.

감정씨

잘할 수 있는 게 없는 것 같아서 지영이가 부담을 많이 느끼고 있구나! 마음 구조대의 이야기를 들으면 좋은 해결책이 떠오를 거야.

성실씨

자주

난 지영이에게 자주 씨앗을 주고 싶어. 자주는 내 삶의 주인으로 살려고 스스로 노력하는 거야. 당장은 네 재능을 찾는 게 어려울 수 있어. 하지만 재능을 찾아 보려는 고민의 시간이 자신을 이해하는 좋은 기회가 될 거야. 친구와 가족, 선생님에게 너에 대해 질문하고 답변을 듣는 시간을 가져 보는 것도 좋아.

배려씨

너 혼자만 이런 고민이 있는 게 아닐 수 있어. 너와 같은 고민을 하는 친구를 찾아 함께 이야기를 나누면 어떨까? 발표회 때 쓸 만한 아이디어가 떠오를 수도 있잖아. 또 친구와 함께라면 선생님에게 도움을 구하러 갈 때도 부담감이 덜할 수 있으니까.

협동

책임씨

누구나 재능을 가지고 있어. 아직 네가 성장하는 과정이라서 발견하지 못한 것뿐이지. 그러니 일단은 지금 네가 좋아하는 것, 관심이 가는 것을 발표하면 어떨까? 당장 잘하는 게 없어도 괜찮으니까. "나는 자라는 중이고, 나를 발견해 가고 있어." 하며 긍정적으로 생각해 보자.

지영이는 마음 구조대의 말을 듣고 고개를 끄덕였어요. 그리고 주변을 둘러보다가 표정이 밝지 못한 윤서에게 조심스레 말을 걸었어요.

"윤서야, 너는 재능 발표회에서 뭘 할 거야?"

윤서는 지영이의 물음이 반가운 듯 대답했어요.

"아직 못 정했어. 너는?"

"동지 발견! 나도 아직이야. 뭘 해야 할지 모르겠어. 근데 이번 기회에 내 재능을 찾을지도 모르잖아? 우리 같이 고민해 볼래?"

지영이의 말에 윤서 얼굴이 밝아졌어요.

❼ 부정적인 감정은 표현하면 안 되나요?

괜찮은 척하면 더 힘들어질 텐데.

우리가 올바른 해결책을 알려 주자!

　희찬이는 밝고 유쾌한 친구예요. 희찬이의 밝은 에너지는 주변 사람들을 즐겁게 해 주지요. 그런데 이런 장점이 희찬이의 고민이 될 줄 누가 알았겠어요.

　점심시간에 희찬이는 장호랑 보드게임을 했어요. 그런데 장호의 손놀림이 어찌나 빠른지 연거푸 지고 말았어요. 희찬이는 계속 게임에 져서 기분이 상했어요.

　"에잇, 짜증 나!"

희찬이가 무심코 한 말에 장호가 깜짝 놀랐어요.

"희찬아, 네가 그런 말을 하니까 이상해."

"왜? 뭐가 이상한데?"

"네가 화를 내니까 좀 낯설어. 다른 아이 같아!"

장호의 말을 듣고 희찬이는 마음이 뜨끔했어요. 혹시 해서는 안 되는 말을 한 건 아닌지 걱정도 되었어요.

"화낸 건 아니야. 자꾸 지니까 속상해서 그랬어."

희찬이는 어색하게 웃었어요.

"그랬구나! 너는 늘 밝고 명랑하잖아. 그런데 갑자기 부정적인 말을 해서 놀랐어. 정말 나한테 화난 건 아니지?"

장호가 진지하게 말하자 희찬이는 고민이 되었어요.

'짜증이 나서 솔직하게 표현했을 뿐인데, 왜 예민하게 나오지? 나는 화를 내면 안 되나?'

그때 갑자기 다른 친구들이 희찬이와 장호 주위로 우르르 몰려들었어요.

"오, 보드게임하는 거야? 재밌겠다. 같이 하자!"

"나, 이 게임 완전 고수라고."

"그런데 누가 이기고 있었어?"

한솔이가 희찬이의 어깨에 손을 올리고 몸을 기댄 채 물었어요.

희찬이는 불편했지만 비켜 달라고 말하지 못했어요. 한솔이가 서운해할 것 같았거든요. 희찬이는 조금 전 장호와의 일을 떠올리며 참기로 했어요.

"그래, 다 같이 하자!"

희찬이는 자기 마음과는 다르게 밝게 웃으며 친구들에게 말했어요.

하지만 괜찮은 척할수록 마음은 점점 더 불편해졌어요.

감정씨

희찬이가 느끼는 부정적인 감정도 우리에게 꼭 필요한 감정이야. 화, 불안, 슬픔, 실망 등 부정적인 감정은 내가 무엇을 불편해하는지 알 수 있게 해 주거든. 그러니까 무조건 참지 말고 잘 다스리는 방법을 배워 보자. 마음 구조대가 도와줄게!

감정 표현

성실씨

희찬아, 부정적인 감정은 억누르면 더 커져. 짜증과 화를 누르고 괜찮은 척하니까 더욱 불편해졌잖아. 그럴 땐 '내가 화났구나.' 하고 인정하고, 네 감정을 솔직히 표현하는 게 좋아.

배려씨

희찬이를 위한 배려 씨앗을 줄게. 배려의 상대는 다른 사람뿐만 아니라 나 자신도 해당돼. 다른 친구의 감정과 상황만 너무 배려하다 보면, 정작 자신의 마음은 살피지 못할 수 있어. 적절한 방법으로 부정적인 감정을 잘 표현하면 친구들도 희찬이의 마음을 이해할 거야.

배려

책임씨

나의 부정적인 감정을 인정하는 것도 자신을 존중하는 태도야. 하지만 내 감정만 내세우느라 주변을 불편하게 만들 수도 있어. 그래서 부정적인 감정을 적절히 표현하는 방법을 익혀 두는 게 좋아. 다섯 번쯤 천천히 심호흡한 뒤에 이야기하거나, 잠시 그 자리를 피한 뒤에 격해진 감정이 가라앉으면 다시 이야기하는 것도 괜찮은 방법이야.

'그래. 내가 화도 나고 짜증도 났다는 걸 인정하자. 그리고 차분히 내 감정을 말해 보는 거야.'

희찬이는 결심한 듯 장호에게 말했어요.

"장호야, 사실 아까는 계속해서 지니까 화가 났어. 놀랐다면 미안해."

장호가 고개를 끄덕이며 말했어요.

"아니야. 충분히 그럴 수 있지. 나만 너무 신나 있었던 것 같아. 나도 미안해."

둘은 서로를 보며 빙긋 웃었어요.

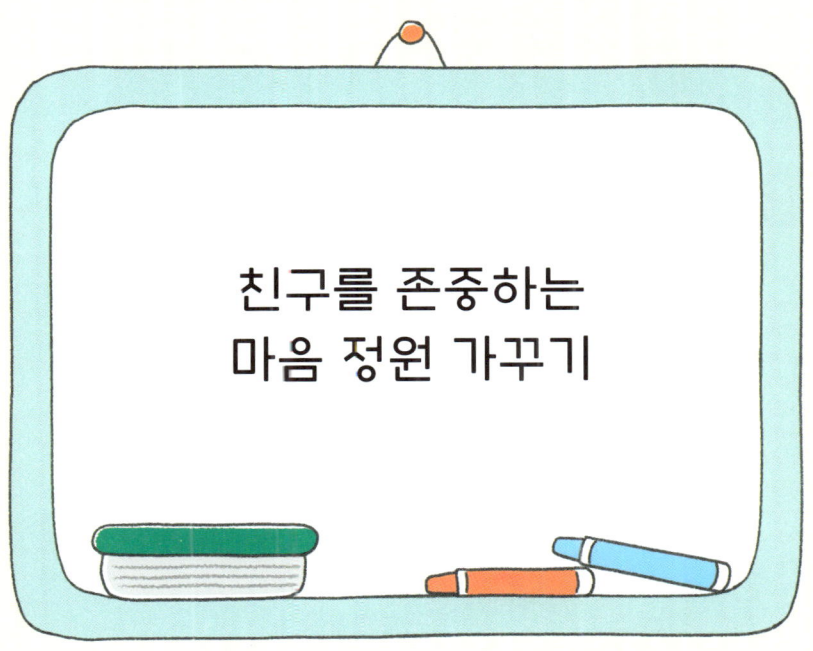

친구를 존중하는
마음 정원 가꾸기

❶ 무조건 이기고 싶어요

 2교시 체육 시간에 지석이네 반은 피구를 했어요. 피구를 좋아하는 지석이는 기분이 너무 좋았어요.
 오늘은 팀 구성도 마음에 쏙 들었어요. 모든 운동을 잘하는 윤호와 공을 잘 잡는 세아가 같은 팀이었거든요. 정말 쉽게 이길 것 같았어요. 심지어 너무 쉽게 이기면 어쩌지 하는 걱정까지 들었으니까요.
 그런데 너무나 얄궂게도 경기가 잘 풀리지 않는 거예요. 넘어진 윤호를 맞힌 공이 세아의 손을 스치며 튕겨 나가는 바람에 둘 다 순식간에 아웃이 되고 말았어요. 게다가 같은 팀의 다른 아이들은 실력이 너무 형편없어서 지석이는 머리끝까지 화가 났어요.

"아! 좀 똑바로 패스하라고!"

"유이야, 공 줘. 나 주라니까!"

짜증 섞인 지석이의 목소리가 체육관에 쩌렁쩌렁 울렸어요. 아이들은 '왜 저래?' 하는 표정으로 지석이를 쳐다보았어요.

주눅이 들어 지석이에게 공을 넘기는 아이도 있었어요. 선생님은 지석이를 잠시 따로 불러 흥분을 가라앉히라고 말했어요. 하지만 지석이는 좀처럼 진정되지 않았어요.

다음 경기에서는 세아가 지석이에게 공을 넘기려다가 상대 팀에게 빼앗기는 일이 생겼어요. 지석이는 공을 빼앗은 원우와 패스를 잘못한 세아를 번갈아 째려보았어요.

승리의 여신은 지석이의 팀에서 점점 멀어지고 있었어요. 결국 2 대 0으로 처참하게 지고 말았지요.

지석이는 씩씩거리며 친구들에게 화를 냈어요.

"왜 그렇게 패스를 하냐고! 그러니까 졌지!"

그 말을 들은 세아는 울음을 터뜨렸어요. 친구들이 세아를 위로하며 함께 교실로 돌아갔어요.

보다 못한 아이들이 지석이에게 한마디씩 했어요.

"지석아, 네 마음은 이해하지만 이제 그만했으면 좋겠어."

"그래, 그만혀. 질 수도 있지."

"뭐? 질 수도 있다고? 지는 게임을 왜 하냐? 난 꼭 이겨야 한단 말이야. 아이고, 분해!"

지석이가 목청을 돋으며 말하자 윤호도 한마디 했어요.

"무슨 올림픽 금메달 따러 왔냐? 그만 좀 해!"

지석이는 친구들의 말을 듣고 더 화가 났어요.

'아니, 어떻게 질 수가 있냐고! 지는 게임을 왜 해?'

지석이는 친구들이 이해되지 않았어요.

화가 난 지석이를 두고 아이들은 교실로 들어가 버렸어요. 복도에 혼자 남은 지석이는 분한 마음에 애꿎은 바닥을 발로 쿵쿵 찼어요.

감정씨

지석아! 화를 스스로 조절하지 못하면 쾅쾅이가 터질 수 있어. 너와 친구들까지 위험해지기 전에 숨을 크게 쉬면서 진정해 보자.

성실씨

충동 조절

충동 조절 씨앗이 꼭 필요한 상황이네. 지석아, 화가 난 감정이 격해지면 폭력적인 행동이 나올 수 있어. 마음이 진정될 때까지 심호흡을 해 봐. 1부터 10까지 숫자를 세는 것도 도움이 될 거야. 잠시 화를 진정시킨 후에 교실로 돌아가자.

책임씨

책임

게임에 참여한다는 건 그 결과까지도 책임을 지는 거야. 게임에서 졌을 때 느끼는 화난 감정 역시 스스로 잘 마무리하는 것도 네가 가져야 하는 책임이라는 걸 알아 둬.

배려씨

게임은 꼭 이겨야만 하는 경쟁이 전부는 아니야. 친구들과 함께하면서 재미도 느끼고, 서로 도우며 더욱 친해질 수도 있지. 또 친구가 잘하는 것이 무엇인지 발견할 수 있는 계기가 되기도 하거든. 친구가 실수했더라도 "괜찮아, 다시 해 보자!" 하고 말하면 어떨까? 네가 게임을 통해 친구들과 우정을 쌓아 가면 좋겠어.

지석이는 마음 구조대의 말을 떠올리며 크게 숨을 내쉬었어요. 당장이라도 터질 것 같던 쾅쾅이가 어느덧 사라졌어요. 지석이는 책임씨의 말을 생각하며 조심스럽게 친구들에게 다가갔어요.

"아까는 내가 화내서 미안해. 비록 졌지만 다들 열심히 했는데, 내가 너무 심했어."

지석이의 진심 어린 사과에 친구들은 고개를 끄덕였어요. 땡그랑! 마음 씨앗이 쌓이는 소리가 울렸어요.

❷ 내가 꼭 도와주어야 할까요?

 오늘은 짝을 바꾸는 날이에요. 짝을 바꾸는 3교시는 아직 멀었는데 세영이는 아침부터 마음이 두근두근했어요.
 '가장 친한 가율이랑 짝이 되면 좋겠다. 아니면 인기가 많은 호찬이랑 짝이 되어도 좋을 것 같아. 아, 뽑기의 신이시여! 제발 가율이나 호찬이가 제 짝이 되게 해 주세요.'
 드디어 3교시가 되었어요. 세영이는 짐을 정리하고 교실 뒤로 가서 줄을 섰어요. 가율이랑 손을 꼭 잡고는 서로 짝이 되

면 좋겠다고 말했지요.

"각자 숫자가 적힌 번호표를 뽑을 거예요. 칠판에 적어 둔 숫자대로 자기 자리를 잘 찾아 앉으세요."

선생님이 말했어요.

아이들은 번호표를 뽑아 들고는 자기 자리를 찾아 갔어요. 기대했던 대로 짝이 된 아이들은 웃으며 좋아했고, 친하지 않은 아이들끼리 짝이 되면 서로 멀뚱히 앞만 보고 있었지요.

"내 차례다."

먼저 번호표를 뽑은 가율이가 19번 책상으로 가서 앉았어요. 뒤이어 호찬이가 가율이 옆에 앉았지요.

세영이의 기대는 와르르 무너졌어요.

드디어 세영이가 뽑을 순서가 되었어요.

세영이는 뽑기의 신이 제발 자기편이길 기도했지요.

"12번?"

세영이는 2분단 두 번째 줄에 있는 12번 자리를 찾았어요. 그리고 옆에 앉아 있는 친구를 보았어요.

"아!"

민우랑 짝이 된 거예요. 세영이는 속이 상했어요.

민우가 싫은 건 아니에요. 다만 민우는 다른 친구들과 좀 달랐어요. 수업 시간에 몸을 계속 움직이거나 같은 말을 반복했어요. 때로는 수업 시간에 돌아다니기도 했지요. 그럴  때마다 선생님은 민우가 수업에 집중하도록 다독였어요. 그리고 반 친구들도 민우를 많이 도와주었어요.

'민우랑 짝이 되면 나는 더 많이 도와주어야 하겠지? 선생님이 내 주시는 숙제를 민우에게 설명하느라 나도 제대로 못 하는 거 아닐까?'

세영이는 걱정이 물밀듯 밀려왔어요. 그런데 민우가 세영이를 보며 너무 반갑게 인사를 하는 게 아니겠어요? 세영이는 마음이 더 복잡해졌어요.

'민우가 일부러 그러는 것도 아닌데, 내가 못된 걸까? 하지만 속상하기도 해. 어떻게 할지 모르겠어.'

감정씨

기대하지 않았던 친구와 짝이 되어 세영이가 속상했구나. 게다가 민우를 도와주어야 한다는 부담감도 크네. 세영아, 잠깐만 생각을 멈추고 마음 구조대의 이야기를 들어 볼래?

책임씨

자아 존중

세영아, 내가 자아 존중 씨앗을 줄게. 먼저 자신을 소중히 여기고 긍정적으로 생각하면 좋겠어. 스스로 못된 아이라고 생각하지 마. 친구를 도와주어야 한다는 부담감을 느낄 만큼 넌 '참 괜찮은 친구'니까. 이번 경험을 통해 나와 다른 친구를 대하는 방법을 배우며 성장하게 될 거야.

정의씨

인권은 우리 모두 존중받으며 살아갈 권리를 말해. 차별받지 않을 권리도 포함되지. 민우가 다른 친구들과 다르다는 부담감이 오히려 민우를 불편하게 만들 수도 있어. 민우도 같은 반 친구잖아. 가장 중요한 건 민우를 차별하지 않는 태도라는 걸 잊지 마.

인권 존중

배려씨

배려는 상대방의 모든 것을 도와주는 것이 아니야. 상황에 따라 때로는 민우가 혼자 할 수 있도록 지켜봐 주는 것이 배려가 될 수 있어. "민우야, 내 도움이 필요하면 말해 줘." 하고 말한 뒤에 네 숙제를 먼저 끝내고 민우를 기다려 주는 것도 배려니까 말이야.

'정의씨 말이 맞아. 민우도 다른 친구들처럼 종이접기랑 색칠하기, 따라 쓰기를 얼마나 잘하는데…….'

세영이는 민우를 바라보며 환하게 웃었어요.

"민우야, 안녕! 같이 잘 지내보자."

세영이의 인사에 민우도 고개를 끄덕이며 웃었어요.

선생님은 세영이에게 힘든 게 있으면 언제든 말하라고 했어요. 세영이는 마음이 한결 가벼워졌어요.

마음 구조더도 두 친구를 따라 환하게 웃었어요.

❸ 조언해 준 것뿐인데 잔소리 그만하래요

지민이가 제일 좋아하는 미술 시간이에요. 오늘은 미래의 자동차를 만들기로 했어요. 선생님은 각자 꾸미고 싶은 재료를 집에서 가지고 와도 된다고 했어요. 지민이는 휴지 심, 마스킹 테이프, 스티커, 색종이, 요구르트병, 작은 상자를 준비해 왔어요.

지민이는 색이 바뀌는 자동차를 만들 생각이었어요.

'기분에 따라 자동차 색깔이 바뀐다면 얼마나 멋질까? 나

같은 생각을 한 사람은 아무도 없을걸?'

지민이는 즐거운 마음으로 자동차를 만들었어요. 그런데 짝꿍인 세윤이는 아직도 어떤 자동차를 만들지 고민하고 있었어요. 지민이는 세윤이가 신경 쓰였어요.

"세윤아, 너무 어렵게 생각할 필요 없어. 내 재료들 좀 빌려줄까?"

"응, 고마워. 필요하견 말할게."

그러더니 세윤이는 계속해서 생각에 빠져 있었어요.

"세윤아, 태양 빛으로 가는 자동차는 어때? 아니면 외계인이 타는 자동차는? 킥킥."

"글쎄, 나는 친환경적인 차를 만들고 싶은데……."

"그런 자동차는 지금도 있잖아. 좀 더 근사한 생각을 해 봐."

지민이의 말에 세윤이는 입을 삐죽거렸어요.

잠시 뒤, 세윤이도 자동차를 만들기 시작했어요. 지민이는 세윤이가 어떤 자동차를 만들지 너무 궁금했어요. 그런데 모양새를 보아하니 아까 말한 친환경 자동차인 것 같았어요.

"세윤아, 자동차가 너무 작지 않아? 색깔도 초록색만 많잖아."

지민이의 말에 세윤이가 뽀로통하게 대꾸했어요.

"큰 자동차는 그만큼 연료를 많이 써서 환경을 파괴하니까. 그리고 이 차는 광합성으로 산소를 만들어 내는 친환경적인 차라 초록색인 거야."

"그래, 착한 자동차이긴 한데 디자인을 좀 더 고려해 봐. 내가 스티커랑 마스킹 테이프 빌려줄까?"

"지민아, 이건 내 자동차야. 네 자동차나 신경 쓰면 어때?"

"조언해 준 거잖아. 네가 더 멋진 자동차를 만들면 좋겠어서 말이야."

"그런데 지민아, 나는 네 말이 잔소리로 들려. 그만하면 좋겠어."

지민이와 세윤이의 말소리가 커지자 선생님이 쳐다봤어요. 두 사람은 얼른 만들기에 집중하는 척했지요.

지민이는 자기 마음을 몰라주는 세윤이의 말이 너무 섭섭했어요.

그때 쉬는 시간 종이 울렸어요.

"세윤아."

"왜 또 잔소리하게? 쳇!"

지민이는 세윤이와 좀 더 이야기하고 싶었을 뿐인데, 세윤이는 톡 쏘아붙이더니 교실 밖으로 나가 버렸어요. 지민이는 당황해서 어쩔 줄 몰랐어요.

감정씨

지민이의 마음을 세윤이가 몰라줘서 서운하고 당황스럽겠네. 세윤이와의 우정에 금이 가지 않도록 해결책을 찾아 보자.

인권 존중

정의씨

지민아, 우리는 모두 소중한 존재야. 그래서 나뿐만 아니라 다른 사람도 존중하며 행동해야 해. 그러니 네 방식만 고집하지 않았는지 다시 생각해 봐. 혹 그랬다면 세윤이에게 사과하고, 다음부터는 세윤이의 생각과 행동을 존중하겠다고 다짐해 보자. 그런 다음에 네가 느낀 서운한 감정을 말로 잘 표현해서 네 마음도 존중해 주면 좋겠어.

책임씨

난 지민이에게 긍정 씨앗을 선물하고 싶어. 너와 다르다고 해서 그 친구가 결코 틀리거나 나쁜 건 아니야. 긍정적인 마음으로 바라봐 주면 친구의 장점이 더 잘 보일 거야.

성실씨: 자율은 자신이 정한 원칙과 방식대로 문제를 해결하는 거야. 우리는 문제가 생기면 자신만의 원칙과 방식으로 해결하고 싶어 하지. 세윤이가 자율적으로 문제를 해결하도록 기다려 주면 어떨까?

정의씨의 말을 듣고 나니, 지민이는 세윤이의 생각을 존중하지 않고 자기 방식만 고집했던 게 잘못이라는 생각이 들었어요. 지민이는 결심한 듯 자리에서 일어나 세윤이에게 다가갔어요.

"세윤아, 내가 너무 참견했지? 미안해."

그러자 세윤이가 누그러진 목소리로 말했어요.

"나도 미안해. 날 도와주려고 했던 건데 내가 너무 예민하게 군 것 같아."

서로를 존중하는 아이들의 얼굴에 미소가 번졌어요. 오늘도 착착이 속에 마음 씨앗이 쌓였어요.

4. 솔직하게 말했는데 상처받았대요

오해가 커지기 전에 마음 구조대가 나서야겠어.

 월요일 아침이에요. 교실에는 주말 사이에 머리 모양이 바뀐 아이들이 꽤 많았어요. 도준이와 친한 은호도 머리를 아주 짧게 자르고 왔지요.

 "은호야, 짧은 머리가 진짜 잘 어울린다. 나도 이번 주말에 머리를 잘라야겠어."

 도준이의 칭찬에 은호가 웃으며 말했어요.

 "정말? 너무 짧은 건 아닌지 걱정했는데 잘 어울린다니 다행이다.”

그때 친구들이 소리를 질렀어요. 도준이는 뒤를 돌아보았어요. 그런데 세상에! 예린이가 대변신을 하고 온 거예요. 예린이는 원래 긴 생머리였는데 짧은 단발머리가 되어 있었어요.

도준이는 저도 모르게 소리를 질렀어요.

"와! 대박!"

도준이와 다른 아이들은 예린이의 자리로 갔어요. 예린이는 쑥스러운지 얼굴이 빨개져 있었어요. 아이들은 저마다 한마디씩 했어요.

"오, 파격 변신이다!"

"정말 잘 어울린다. 귀여워."

"멋진데!"

하지만 도준이가 보기에 예린이는 긴 생머리가 훨씬 잘 어울리는 것 같았어요. 머리를 짧게 잘라 놓으니 얼굴이 커 보였거든요. 다른 친구들이 예쁘다고 칭찬하는 건 그냥 듣기 좋으라고 하는 소리 같았어요.

"예린아, 머리를 왜 잘랐어? 얼굴도 커 보이는데 말이야. 예전 머리가 훨씬 잘 어울리는 것 같아!"

도준이의 말에 아이들은 당황한 표정으로 도준이와 예린이의 얼굴을 번갈아 바라보았어요. 도준이는 이상했어요.

'솔직하게 말했을 뿐인데 뭐가 문제지?'

그때 수아가 말했어요.

"도준아, 그렇게 말하면 어떡해? 예린이 상처받았잖아."

"내가 틀린 말을 한 것도 아닌데 왜……."

도준이는 예린이를 보았어요. 예린이의 얼굴이 붉으락푸르락 달아올랐어요. 눈에는 눈물이 그렁그렁했지요.

"모두 자리에 앉으세요. 수업 시작할게요."

교실에 들어온 선생님이 말했어요.

도준이는 국어책을 펴며 생각했어요.

'다들 너무 가식적이야. 난 솔직하게 말했을 뿐이라고! 솔직해야 좋은 것 아냐?'

그렇지만 예린이의 울 것 같은 표정이 떠올라 도준이는 마음이 불편했어요.

'쳇! 내가 뭘 잘못했다고. 솔직한 게 죄야?'

이제는 억울하기까지 했어요.

감정씨

도준이는 솔직하게 말했을 뿐인데, 친구들의 반응이 영 별로라서 억울한 거지? 마음 구조대의 이야기를 들으면 답답함이 좀 풀릴 거야.

성실씨

정직

도준아, 내 생각을 솔직하게 표현하기 전에 친구에게 상처가 될 말인지 아닌지를 잘 생각해 봐. 정직은 거짓 없는 바른 마음이지 네 생각을 마음대로 표현하는 것이 아니야. 그리고 친구들의 의견이 너와 다르다고 해서 가식이라고 볼 수 없어. 친구들은 진심으로 예린이한테 짧은 머리가 어울린다고 생각할 수 있으니까.

배려씨

네 말이 다 맞다고 해도 상대방이 예의 없게 느끼지 않도록 표현하는 것이 매우 중요해. 예를 들면 예린이에게 "지금도 괜찮지만, 긴 머리가 더 잘 어울리는 것 같아."라고 말하는 거지. 예절 씨앗을 줄 테니 상대를 존중하고 배려하는 마음으로 다시 말해 보자.

예절

책임씨

윤리적 성찰은 자신의 행동을 되돌아보며 잘못되거나 부족한 점이 없는지 살피는 태도야. 네가 예린이 입장이라면 어땠을지 생각해 봐. 솔직한 표현은 이해하지만, 엄청 서운하지 않았을까? 그 마음을 알았다면 지금 네가 느끼는 억울함은 누그러질 거야.

윤리적 성찰

마음 구조대의 말을 끝까지 들은 도준이는 책임씨의 윤리적 성찰 씨앗을 골랐어요.

'내가 만약 예린이였으면 엄청 서운했을 것 같아. 아! 짧은 머리가 안 어울린다고 말할 게 아니라 긴 머리도 참 예뻤다고 말했어야 했는데······.'

도준이는 쉬는 시간이 되자마자 예린이에게 갔어요. 예린이는 도준이를 쳐다보지도 않았어요. 하지만 도준이는 용기를 내서 말했어요.

"예린아, 내가 너무 함부로 말했어. 상처받았다면 정말 미안해."

❺ 대충 하면 안 되나요?

준우는 1등 대장이에요. 잘해서 1등이 아니라 뭐든 대충 빨리 해치워서 1등 대장이죠. 정확히는 '얼렁뚱땅 1등 대장'이에요. 하지만 선생님은 준우의 이런 태도를 그냥 지나치지 않았어요. 그때마다 준우는 짜증이 났어요. 준우 딴에는 다 한 건데 선생님은 자꾸 뭘 더 해 보라고 권했으니까요.

오늘은 '친구 사랑의 날' 행사로 짝의 얼굴을 그리고 칭찬의 말을 쓰는 활동을 했는데, 같은 일이 또 벌어졌어요.

준우는 짝꿍인 하율이를 보았어요. 안경을 쓴 하율이는 그리기가 쉬울 것 같았지요.

준우는 일단 동그라미를 크게 그렸어요. 그러고는 앞머리를 찍찍 그었어요. 그런 다음 작은 동그라미 다섯 개를 그려 각각 안경과 눈, 입을 만들었어요. 코는 뒤집힌 하트 모양으로 그렸지요. 금세 스케치가 끝났고, 준우는 색연필로 듬성듬성 색칠했어요. 더충 그린 것치고는 꽤 괜찮아 보였어요.

'좀 안 닮은 것 같지만……. 어쨌든 이만하면 됐지!'

준우는 하율이의 얼굴 위쪽에 칭찬의 말도 대충 몇 글자 썼어요.

이제 선생님께 검사를 받으러 나갈 차례였어요. 준우는

다른 때보다 열심히 했으니 무난히 통과하리라 생각했어요. 그런데 준우의 작품을 본 선생님이 말했어요.

"준우야, 하율이와 안 닮은 것 같은데……. 그리고 친구에게 선물할 건데 색칠을 꼼꼼히 하면 더 좋을 것 같구나. 글씨도 예쁘게 쓰면 어떨까?"

하지만 준우는 더 하고 싶은 마음이 없었어요. 빨리 끝내고 도서관에서 빌린 학습 만화책을 읽고 싶었거든요.

"선생님, 저는 그만하고 싶어요."

"그래? 정말? 조금만 더 정성을 들이면 좋을 텐데……. 그래도 네 의견을 존중할게. 남은 시간 동안 조용히 책을 읽고 있으렴."

준우는 하율이의 눈치가 살짝 보였지만 자리로 돌아가 책을 읽었어요. 하율이는 여전히 준우를 그리고 있었지요.

잠시 뒤 그림 선물 교환식을 했어요. 준우는 그림을 꺼내 하율이에게 주었어요. 하율이도 준우에게 그림을 주었지요.

그림을 본 하율이가 몹시 실망해서 말했어요.

"이게 뭐야? 내가 이렇게 생겼다고? 준우야, 너무한 거 아니야?"

하율이의 말에 아이들이 모여들어 준우의 그림을 보았어요.

"와, 선물마저 대충 그렸네."

"하율이는 진짜 열심히 그렸는데 준우가 심했다."

반 친구들이 하율이 편만 들자 준우는 울컥했어요.

"어쨌든 완성해서 선물했잖아!"

준우는 이 상황이 너무 억울했어요.

감정씨

준우야, 네 입장에서는 억울한 마음이 들 수도 있겠다. 하지만 마음 구조대의 이야기를 듣고 나면 조금은 생각이 달라질 거야.

배려씨

준우야, 입장 바꿔 생각해 보자. 친구가 대충 만든 선물을 받으면 네 기분이 어떨까? 내가 공감 씨앗을 줄 테니 하율이의 마음이 어땠을지 느끼며 이렇게 말해 보자. "하율아! 많이 실망했지? 내가 그림을 잘 못 그리는데 노력도 부족했던 것 같아. 미안해." 하고 말이야.

성실씨

어떤 일을 할 때마다 정성을 기울이고 최선을 다하는 건 생각보다 쉽지 않아. 대충 하고 싶은 순간에도 다시 한번 힘을 낼 수 있도록 팍팍이로 용기를 충전해 줄게. 성실한 태도를 익히도록 노력해 보자.

책임씨

책임을 진다는 건 자신의 행동에 대한 결과를 받아들이는 것부터 시작해. "친구들의 기준에서는 내 그림이 성의 없어 보이는구나." 하고 인정해야 그 뒤에 책임 있는 행동을 할 수 있는 거지. 먼저 하율이에게 사과한 다음에 그림을 다시 잘 그려서 주면 어떨까? 더불어 선생님의 충고를 귀담아듣지 않아서 죄송하다고 말씀드리는 것도 책임감 있는 모습이야.

책임

준우는 하율이가 정성스럽게 그려 준 그림을 바라보았어요. 그림 속의 자기 모습은 너무나 멋져 보였어요. 준우는 책임씨의 말처럼 자신의 행동에 책임을 져야겠다고 생각했어요. 그래서 진심을 담아 하율이에게 말했어요.

"하율아, 미안해! 네 그림은 내가 다시 그려 볼게. 그리고 날 이렇게 멋지게 그려 줘서 정말 고마워."

땡그라아앙! 준우의 다짐을 담은 마음 씨앗이 맑은 소리를 내며 착착이 속으로 떨어졌어요.

마음 씨앗 착착!

❻ 비밀을 꼭 지킬 필요가 있을까요?

잘못된 결정을 내리기 전에 우리가 도와주자.

서윤이는 요즘 지희와 부쩍 가까워졌어요. 학교가 끝나면 같이 집에 가기도 하고, 주말에는 부모님에게 허락을 받아 지희네 집에서 하룻밤을 보내기도 했어요. 서로 말도 잘 통하고 재미있어서 지희와 함께 있는 시간이 즐거웠어요.

엊그저께는 집에 가는 길에 지희가 비밀 이야기를 해 주었어요. 지희 부모님이 얼마 전에 이혼했다고 말이에요. 그 말을 들은 서윤이는 지희를 위로해 주며 아무에게도 말하지 않겠다고 약속했어요. 지희의 아픈 사정을 듣고 나니 더더욱 잘해 주고 싶은 마음이 들었지요.

그런데 오늘 아주 이상한 일이 벌어졌어요. 점심시간에 지희가 서윤이를 불렀어요. 복도에 선 지희의 눈에는 눈물이 가득 고여 있었어요.

"다른 친구들이 내 비밀을 다 알고 있었어. 혹시 네가 말했니?"

"응? 무슨 소리야?"

서윤이는 놀라서 물었어요.

"우리 엄마랑 아빠, 이혼한 거 말이야."

지희가 울먹이며 말했어요.

"아니야. 나는 아무한테도 말하지 않았어. 우리 엄마한테도 말 안 했는데……."

"그런데 아이들이 어떻게 알고 있지? 난 너한테밖에 말하지 않았는데!"

지희는 톡 쏘아 말하더니 교실로 씽 들어가 버렸어요.

어안이 벙벙해 있는 서윤이에게 아이들이 몰려왔어요.

"무슨 일이야?"

"왜 그래?"

특히나 입이 가벼운 수민이가 집요하게 물었어요. 서윤이는 아무 잘못도 하지 않았는데 나쁜 사람이 된 것 같아 기분이 좋지 않았어요.

'나는 정말 아무한테도 말하지 않았어. 너무 억울해. 이렇게 의심받느니 차라리 확 이야기해 버릴까? 아니야, 그래도 약

속은 약속이야.'

서윤이는 두 마음이 왔다 갔다 했어요.

지희는 서윤이 쪽을 쳐다보지도 않았고, 수민이는 계속해서 무슨 일인지 캐물었어요. 서윤이의 마음은 한없이 어지러웠어요.

'아휴! 답답해!'

감정씨

어떤 말도 할 수 없어서 서윤이가 정말 답답하겠구나. 어떻게 하는 게 좋을지 방법을 찾아보자. 마음 구조대가 도와줄게.

충동 조절

성실씨

서윤이의 서운하고 당황스러운 마음은 충분히 이해해. 하지만 순간적인 감정에 휩쓸려서 후회할 행동을 할 수도 있으니 조심해야 해. 네게 충동 조절 씨앗을 선물할게. 우선 마음을 가라앉힌 뒤에 행동하는 것이 좋아.

배려씨

지희가 너를 오해했으니 속상할 수 있어. 하지만 친구 사이에도 지켜야 할 예절이 있어. 친구에게 상처가 될 수 있는 행동을 하지 않는 것은 우리가 지켜야 할 예절 중 하나야.

예절

정의씨

정의는 바르고 옳은 가치를 지키려는 마음이야. 그래서 억울한 상황에서도 말을 아끼는 너의 행동은 정의가 될 수 있어. 비밀을 지킨다는 건, 상대방의 마음을 소중히 여기고 서로 간에 맺은 약속을 존중하는 거야. 정의는 남들이 몰라줘도 스스로가 끝까지 지키고 싶은 마음이라는 걸 잊지 마.

서윤이는 자리로 돌아가서 지희를 바라봤어요. 아직 섭섭한 마음이 들었지만 울고 있는 지희를 보니 마음이 아팠어요.

'그래. 성실씨 말이 맞아. 서운한 마음이 앞서서 후회할 행동을 하지 말자. 난 지희와의 약속을 끝까지 지킬 거야.'

서윤이는 깊게 숨을 들이마시고 내쉬었어요. 마음을 가다듬고 나니 생각이 정리되었어요.

'지희와 오해를 잘 풀어 보자.'

지희에게로 다가가는 서윤이의 발걸음에 맞춰 마음 씨앗이 모이는 소리가 들렸어요.

❼ 친한 친구에게 질투심이 나요

채원이와 예나는 둘도 없는 친구예요. 그런데 요즘 채원이에게 말 못 할 고민이 생겼어요. 고민의 시작은 학교 도서관에서 운영하는 독서 동아리에 예나와 함께 참여하게 되면서부터였어요.

채원이와 예나는 좋아하는 책이 비슷해서 같은 책을 읽고 토론했어요. 그리고 자신의 생각을 각자 글로 정리했지요. 작가가 되고 싶은 꿈을 가진 채원이는 글 쓰는 시간이 너무 즐거웠어요. 그런데 선생님이 예나가 쓴 글을 엄청 칭찬하는 거예요. 처음에 채원이는 부럽다는 생각을 했어요. 그런데 시간이 지날수록 선생님에게 칭찬받는 예나가 부럽다 못해 질투가 나기 시작했어요.

그러다가 하마터면 오늘은 예나에게 이 마음을 들킬 뻔했어요. 동아리에서 동시를 읽고 새롭게 바꿔 보는 시간이었어요. 다른 친구들은 소곤소곤 아이디어를 나누기도 하고, 자신의 생각을 동시로 짓느라 정신이 없었지요. 그런데 채원이는 옆에서 글을 쓰고 있는 예나에게만 눈길이 갔어요.

'예나는 어떻게 썼을까? 뭐야, 어떻게 저런 생각을 했지? 누구 걸 베낀 거 아냐?'

예나의 동시를 보며 채원이는 입을 삐죽 내밀었어요.

'선생님은 또 예나만 칭찬하시겠지?' 하는 생각이 들자 괜스레 심술도 났어요.

예나가 자신을 계속 쳐다보는 채원이의 시선을 느끼고 물었어요.

"채원아, 왜?"

놀란 채원이는 말을 얼버무렸어요.

"아니야. 그냥……."

예나를 의식해서 그런지 채원이는 자신이 쓴 동시가 별로인 것 같았어요. 예나보다 잘 써야 한다는 부담감 때문에 글 쓰는 게 예전만큼 즐겁지도 않았지요.

동시 발표가 끝나고, 모두 예나의 동시가 제일 좋았다고 말했어요. 채원이는 티 내지 않으려고 노력했지만 저도 모르게 인상이 팍 구겨졌어요. 그 모습을 보고 예나가 물었어요.

"채원아, 너 화났어?"

"아니야. 화 안 났어."

그런데 지나가던 우영이가 채원이를 보고 말했어요.

"화났네. 예나만 칭찬받아서! 맞지?"

그 말을 듣고 채원이는 뜨끔해서 되레 큰 소리 쳤어요.

"아니거든? 쳇!"

말은 이렇게 했지만 질투심을 들킨 것 같아 채원이는 서둘러 도서관을 빠져나왔지요.

'으악! 이제 예나를 어떻게 보지?'

감정씨

친구를 부러워하는 마음이 커져서 시기와 질투로 변했구나. 그렇다고 너무 자책할 필요는 없어. 충분히 그럴 수 있지. 다만 시기와 질투 때문에 소중한 친구를 잃으면 안 되겠지?

성실씨

시기와 질투에 눈이 멀면 자신을 똑바로 보지 못하고 다른 사람을 미워하게 돼. 예나의 동시가 더 낫다고 생각한 자신의 마음에 솔직해지자. 그래야 자신의 실력을 더 발전시키기 위해 노력할 수 있거든.

배려씨

질투심 때문에 친한 친구와 멀어지지 않도록 우정 씨앗을 선물할게. 우정 안에는 '친구가 잘되기를 바라는 마음'도 들어 있어. 커져 버린 질투심은 있는 그대로 받아들이고, 친구의 재능을 존중하며 축하하는 마음을 가져 보자.

책임씨

채원아! 너도 충분히 글쓰기를 잘하고 좋아하니까 자부심을 가지면 좋겠어. 내가 긍정 씨앗으로 기운을 팍팍 불어넣어 줄게. 나 자신에게 긍정적인 마음을 가지면 친구에 대한 비교 의식도 줄어들 거야.

채원이는 마음 구조대의 말을 듣고 고개를 끄덕였어요.

'그래, 인정할 건 인정하자. 예나가 쓴 동시는 정말 좋았어. 나도 계속 쓰다 보면 잘하게 되겠지. 힘내자!'

채원이는 다시 도서관으로 돌아와서 예나에게 말했어요.

"예나야, 사실은 네가 글을 너무 잘 써서 질투가 났지 뭐야. 그래서 아까는 제대로 축하도 못 해 줬네. 다시 한번 축하해."

예나는 채원이의 말을 듣고 다정히 말했어요.

"고마워. 그런데 채원아, 나는 네 동시도 정말 좋았어."

시기와 질투가 눈 녹듯 사라지자 두 친구의 우정이 한 뼘 더 자랐어요.

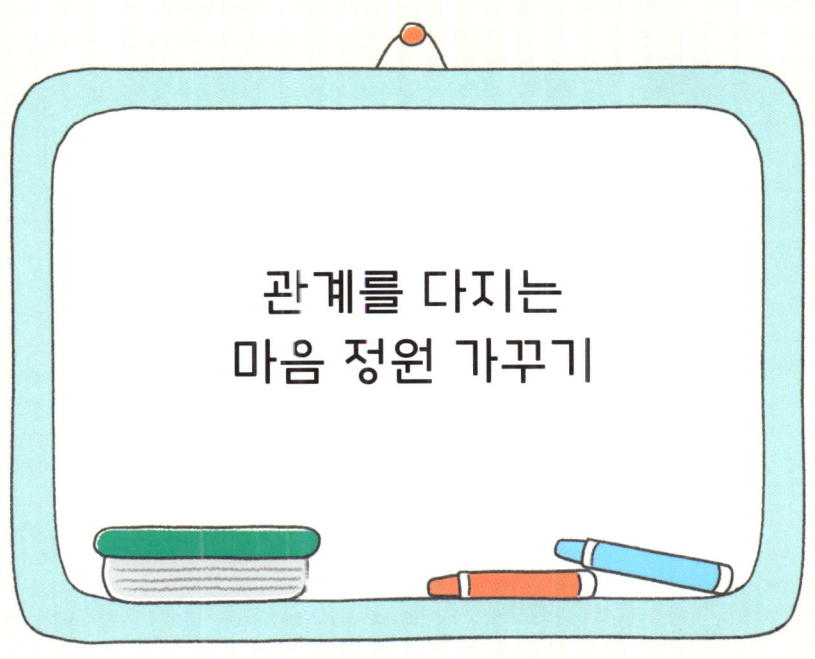

관계를 다지는 마음 정원 가꾸기

❶ 누구 편을 들어야 할지 모르겠어요

어이쿠, 두 친구 사이에서 난처하겠네.

　리아, 아윤, 서연이는 삼총사예요. 다른 친구들도 인정하는 정말 친한 사이죠. 그런데 절대 변하지 않을 것 같던 삼총사의 우정이 사소한 말다툼으로 산산조각이 났어요.

　아윤이와 서연이가 절교를 선언한 후에 리아는 무척이나 난감해졌어요. 이제는 아윤이 따로, 서연이 따로 만나야 했지요. 그러느라 시간도 두 배로 들었고, 아윤이와 서연이가 서로 자기편을 들어 달라는 통에 당황스럽기까지 했어요.

2교시 수학 시간이 끝나고 쉬는 시간에 아윤이가 리아 자리로 왔어요.

"리아야, 오늘 학교 끝나고 집에 같이 가자. 내가 아이스크림 사 줄게."

"그래. 근데 서연이는 같이 안 가?"

리아가 아윤이의 눈치를 살피며 물었어요.

"너는 서연이랑 가고 싶어? 난 싫은데……."

리아는 뭐라고 해야 할지 대답을 망설였어요. 때마침 수업 종이 울려서 정말 다행이다 싶었지요.

3교시 국어 시간이 끝나자 이번에는 서연이가 리아 자리로 왔어요.

"리아야, 오늘 우리 집에 안 갈래? 요즘 뜨고 있는 아이돌 포토 카드를 샀는데 구경시켜 줄게."

"진짜? 그런데 오늘 아윤이랑 먼저 약속을 해서……."

리아의 말에 서연이는 인상을 찌푸렸어요.

"내가 아윤이랑 절교한 거 몰라? 아, 됐어."

서연이는 짜증을 내며 말했어요.

리아는 너무나도 당혹스러웠어요. 그때 서연이가 다시 말했어요.

"너도 아윤이랑 절교해. 아윤이는 자기밖에 몰라. 너무 이기적이야."

마침 옆을 지나가던 아윤이가 리아에게 말했어요.

"리아야, 오늘 나랑 같이 집에 가기로 했지?"

그 말을 듣고 서연이가 불쑥 끼어들었어요.

"아니거든. 리아는 오늘 우리 집에 갈 거야. 아이돌 포토 카드 보러 가기로 했어. 그리고 리아가 너랑 절교한대."

그러자 아윤이도 지지 않고 대꾸했어요.

"아닌데? 리아는 서연이 너랑 절교한다고 했는데?"

두 친구 모두 거짓말을 하고 있었어요. 하지만 리아는 어떻게 말해야 할지 난감했어요.

'나한테는 아윤이랑 서연이 모두 소중한데, 어쩌지?'

감정씨

리아야, 두 친구 사이에서 정말 힘들겠구나. 이런 상황을 헤쳐 나가려면 많은 용기가 필요한데, 우리 마음 구조대가 힘껏 도와줄게.

정의씨

내가 팍팍이로 용기를 충전해 줄게. 두 친구에게 네 생각을 정확하게 말해 줘. 너에겐 서연이와 아윤이 모두 소중한 친구라고 말이야.

책임씨

리아야, 자아 존중 씨앗을 줄 테니 서연이나 아윤이의 감정과 생각에 끌려다니지 마. 그리고 분명하게 말하는 거야. "너희 둘 싸움에 나를 끌어들이지 말아 줘. 둘의 문제가 잘 해결되면 좋겠지만, 그렇지 않더라도 나는 너희 둘의 친구로 남고 싶어. 내 생각을 존중해 주면 좋겠어." 하고 말이야.

자아 존중

> **배려씨**
> 리아에게는 우정 씨앗이 필요하겠는걸? 두 친구와의 우정을 지키기 위해서 어느 한 사람의 편을 들지는 않겠다고 확실하게 말하는 게 좋겠어.

　리아는 서연이와 아윤이를 모두 잃을까 봐 자기 감정과 생각을 숨기고 있었지만, 정의씨 덕분에 팍팍이로 용기를 얻었어요. 그래서 두 친구에게 분명하게 말하기로 했지요.

　"서연아, 아윤아. 나는 너희들 싸움에 끼어들고 싶지 않아. 너희 둘 다 소중해서 함께 잘 지내고 싶어."

　두 친구는 놀라서 서로를 바라보다가 조금씩 얼굴이 붉어졌어요. 이제 리아는 마음 한구석이 시원해졌어요.

　그때였어요. 땡그랑! 어디선가 맑고 경쾌한 소리가 들려왔지요.

❷ 생일 파티에 누구를 초대해야 할까요?

어려운 문제네. 정말 고민되겠는걸?

    지유는 이번 주 토요일에 키즈 카페에서 생일 파티를 하기로 했어요. 엄마는 친구를 다섯 명만 초대하라고 했지요. 지유는 누구를 초대할지 고민스러웠어요.

  '채윤이는 가장 친하니까 당연히 초대해야 하고, 도윤이는 내 짝이고, 시우는 같이 있으면 진짜 재미있으니까 초대하면 좋겠지? 그리고 영지는 자기 생일 파티에 나를 초대했으니까 나도 그래야겠지. 또 나은이, 승원이, 윤우, 서우…… 아, 어떻

게 하지?'

지유가 엄마와 이야기했을 때는 쉽게 다섯 명을 정할 수 있을 것 같았어요. 그런데 막상 교실에 와서 친구들을 보니 너무 어려웠어요. 내일까지는 생일 파티 초대장을 주어야 친구들이 주말에 다른 약속을 잡지 않을 테니 마음마저 조급해졌어요.

'누구를 초대해야 하나? 초대하고 싶은 친구가 너무 많은데. 초대받지 못한 친구들이 서운해하면 어쩌지?'

그때였어요. 단짝인 채윤이가 말을 걸어왔어요.

"지유야, 뭐 해?"

"뭘 좀 고민 중이야. 어떻게 해야 할지 모르겠어서."

"뭔데? 내가 도와줄까?"

채윤이의 말에 지유는 조심스레 고민을 털어놓았어요.

"토요일에 내 생일 파티를 할 건데, 엄마가 키즈 카페에서 한다고 다섯 명만 초대하래. 그런데 초대하고 싶은 친구를 세어 보니까 열 명도 넘더라고."

어느새 다른 친구들도 모여들었어요.

"너희, 무슨 이야기 하고 있어?"

"아! 지유가 생일 파티를 하는데 누구누구를 초대할지 고민이래."

친구들은 서로 자기를 초대해 달라고 지유에게 부탁했어요. 지유는 난감했어요. 친구들을 실망시키고 싶지 않았거든요.

"얘들아! 내일까지 기다려 줄래?"

지유는 일단 이렇게 말했지만, 어떻게 해야 할지 막막하기만 했어요.

감정씨

친구들이 서운해할까 봐 고민이 깊어졌구나. 마음 구조대가 추천하는 가치 씨앗 중에 마음에 드는 해결책을 골라 봐.

정의씨

지유야, 친구들이 봤을 때 납득할 만한 초대 기준을 세워 보면 좋겠어. 너에게 도움을 준 친구, 가장 친한 친구, 자기 생일 파티에 초대해 줬던 친구 등 여러 기준을 정해서 그 기준에 맞는 친구를 생각해 보는 거야. 공정한 기준이 있다면 친구들도 네가 내린 결정을 받아들일 거야.

배려씨

네 생일 파티에 오고 싶은 친구가 많다는 건 그만큼 지유가 좋은 친구란 뜻이겠지? 그렇지만 모두를 초대할 수는 없으니 초대받지 못한 친구들이 상처받지 않도록 미안한 마음을 잘 표현해 보자. 예절 씨앗을 줄 테니 네 상황과 마음을 솔직히 이야기해 봐.

성실씨

> 난 자주 씨앗을 추천해. 네가 어떤 생일 파티를 원하는지 엄마와 친구들에게 분명하게 말하면 어떨까? 장소를 바꿔서 친구를 많이 초대하고 싶다거나, 키즈 카페에서 생일 파티를 하고 싶어서 더는 초대할 수 없다고 말이야. 생일의 주인공은 바로 너니까.

자주

지유는 초대받지 못한 친구들에게 쪽지를 썼어요.

> 나도 정말 섭섭한데 엄마가 생일 파티에 다섯 명만 초대하라고 해서 너를 초대하지 못했어. 미안해. 다음에 우리 집에서 꼭 같이 놀자.
> — 너의 친구 지유가

쪽지를 받은 친구들은 지유의 마음을 이해해 주었고, 지유에게 "생일 축하해!" 하고 말하며 환하게 웃었어요. 배려씨의 조언이 친구들에게도 전해졌지요.

3 자기들 마음대로만 해요

점심시간에 지안이는 친구들과 축구를 하기로 했어요. 그래서 밥을 먹자마자 운동장으로 나왔어요. 역시 빨리 나온 보람이 있었어요. 축구장이 비어 있었으니까요.

"여섯 명 모두 모였지? 우리, 팀부터 정하자."

정현이가 말했어요.

지안이는 축구를 정말 잘하는 정현이와 같은 편을 하고 싶었어요. 그런데 분위기가 이상하게 흘러갔어요. 축구를 잘하는 주원이, 하준이가 정현이랑 한 팀을 하기로 했다는 거예요. 어쩔 수 없이 지안이, 예준이, 서한이가 한 팀이 되었지요.

　가위바위보를 해서 이긴 지안이네 팀이 먼저 공격에 나섰어요. 그런데 정현이의 태클에 바로 공을 빼앗겼어요. 지안이네 팀은 다시 공을 차지하려고 이리 뛰고 저리 뛰었지만 실패했어요. 그러다 지안이네 팀은 연속해서 골을 먹었어요.

"와, 2대 0!"

정현이네 팀은 하이 파이브를 하며 즐거워했어요.

　그때였어요. 마침내 공을 잡은 예준이가 빈틈을 파고들어 시원하게 골을 넣었어요.

"우아! 잘했어, 예준아!"

지안이네 팀은 방방 뛰며 좋아했어요. 그런데 정현이가 찬물을 끼얹는 말을 했어요.

"방금 건 오프사이드 반칙이야. 노 골임!"

주원이도 거들며 나섰어요.

"맞아, 반칙이야. 골 인정 안 됨!"

하지만 지안이는 억울한 마음이 들었어요.

"너희도 아까 똑같이 골을 넣었잖아. 그럼 그것도 노 골이야."

"지안이 말이 맞아. 너희 팀도 골을 넣을 때 수비수보다 공격수가 앞에 있었어. 오프사이드 반칙이었다고!"

지안이네 팀 친구들도 지지 않고 말했어요.

그런데 정현이네 팀은 끝까지 반칙을 인정하지 않더니, 맘대로 게임을 다시 시작하는 거예요. 이대로 가만있다가는 골을 또 먹을 것 같아서 지안이네 팀도 공을 쫓아 뛰었지요. 그

렇지만 정현이네 팀이 한 발 더 빨랐어요.

"아싸, 3대 0! 게임 끝!"

정현이네 팀은 서로 얼싸안고 기뻐했어요. 지안이네 팀은 웃을 수가 없었지요. 지안이는 지금 이 상황이 공평하지 않다고 생각했어요.

'완전 자기들 마음대로야. 그런데 괜히 말했다가 축구 할 때 나만 안 끼워 주면 어떡하지?'

지안이는 화가 치밀기도 했지만, 같이 놀 친구를 잃을까 봐 걱정도 돼서 마음이 복잡해졌어요.

감정씨

에구, 지안이가 정말 화가 많이 났겠다. 하지만 화를 가라앉히지 못하면 쾅쾅이가 터질지도 몰라. 우선 숨을 크게 쉬어 보자. 그런 다음 차분히 생각해 보는 거야.

책임씨

지안아, 자아 존중 씨앗을 선물할 테니 네 마음을 먼저 살피면 좋겠어. "나는 공정하게 게임을 하며 친구들과 즐겁게 지내고 싶어. 부당함으로부터 나를 지킬 거야."라고 되뇌어 봐. 억울한 마음과 복잡한 생각이 조금은 정리될 거야.

정의씨

공정은 공평하고 올바름을 뜻하는 가치야. 이번 게임은 공정하지 않았기에 네가 느낀 부당함은 잘못된 게 아니야. "정현아, 너희 팀은 처음부터 맘대로 팀을 정했고, 게임 규칙도 너희에게만 유리하도록 적용했지. 다음부터는 그러지 않았으면 좋겠어."라고 말해 보자.

배려씨

참된 우정은 친구의 입장을 이해하고 공감해 주는 거야. 그리고 친구를 배려하면서 행동하는 거지. 네 마음을 무시한다면 진정한 우정을 나누는 친구가 아니겠지. 우정이 깨질까 봐 걱정되는 마음은 잠시 내려놓고, 네 불편한 마음을 얘기해 봐. 팍팍이로 용기를 충전해 줄게.

지안이는 쾅쾅이가 터지지 않도록 화를 가라앉히며 조용히 마음을 다독였어요. 그런 다음에 정현이네 팀으로 갔지요. 조금 떨리기는 했지만 용기를 내어 단호하게 말했어요.

"오늘 게임은 공정하지 않았어. 다시는 이러지 마."

그러자 예준이와 서한이도 똑 부러지게 말했어요.

"맞아. 이렇게 할 거면 너희끼리 해."

"지안아, 우리는 다른 애들이랑 놀자."

정현이, 주원이, 하준이는 멋쩍은 표정을 지으며 서로를 힐끔힐끔 쳐다보았어요.

또 하나의 마음 씨앗이 쌓였어요.

4 조별 과제는 너무 싫어요

서로 협동하는 기쁨을 알려 줄게. 우리만 믿으라고!

"휴……."

미호는 한숨이 나왔어요. 제일 좋아하는 사회 시간이지만 또다시 조별 과제를 해야 한다니 걱정이 앞섰어요.

"조별로 마음에 드는 우리 고장 중심지를 정해서 조사해 보세요. 다음 주에 발표하도록 할게요."

선생님의 말에 미호는 마음이 급해졌어요. 어떤 중심지를 고를지, 조사는 어떻게 해야 할지 정해야 하니까요. 그런데 같은 조인 은지와 민주, 해성이는 아무런 생각도 없는 것 같았어요.

그래서 할 수 없이 미호가 상업 중심지를 조사해 보자고 먼저 의견을 냈어요. 아무래도 친구들이 쇼핑에 관심이 있을 것 같아서요.

미호는 친구들에게 토요일에 만나서 대형 마트와 백화점에 가 보자고 말했어요. 마을버스로 세 정거장만 가면 되고, 엄마와도 자주 가 본 곳이라 어렵지 않게 길을 찾아갈 수 있을 것 같았거든요.

그런데 은지가 토요일에는 할머니 댁에 가기로 했다며 시간이 없다고 했어요. 민주랑 해성이는 과제보다는 사고 싶은 걸 이야기하느라 정신이 팔려 있었지요.

"그럼 얘들아, 조사를 마치면 누구네 집에 모여서 발표 자료를 만들까?"

미호가 물었어요.

"미호야, 그냥 네가 해. 지난번에도 네가 발표해서 선생님한테 칭찬받았잖아."

해성이가 당연하다는 듯이 말했어요.

"남들 앞에서 말하기 좋아하는 사람이 하는 걸로 하자. 누군지는 다 알지?"

은지는 비아냥거리는 말투로 말했어요.

"그래도 선생님께서 조별 과제는 다 함께 협동해서 하는 거라고 하셨잖아."

미호는 마음이 상했지만, 한 번 더 친구들을 설득했어요.

"아이, 귀찮아. 야! 어차피 성적에도 안 들어가는데 뭐 하러 고생을 하냐. 그냥 시내에 나가서 쇼핑이나 하자."

"맞아. 인터넷으로 검색만 해도 다 나올 텐데. 그거 좀 베껴서 만들면 되잖아."

친구들은 하나같이 과제에는 관심이 없었어요.

'선생님은 이런 사정을 아실까?'

속이 상한 미호는 선생님에게 찾아가 조별 과제는 하고 싶지 않다고, 차라리 혼자 하겠다고 말하고 싶었어요. 물론 미호도 친구들과 같이 재미있게 조사도 하고 발표 자료도 만들고 싶었어요. 하지만 할 생각이 없는 친구들을 억지로 설득하는 건 너무 힘들었어요.

'선생님은 왜 조별 과제를 내 주시는 걸까? 휴…….'

감정씨

생각이 다른 친구들과 함께 과제를 하려니 힘들지? 친구들이 미호의 마음도 몰라주고 자기 편한 대로만 말하니까 너무 속상할 거 같아.

책임씨

미호야, 책임감 때문에 모든 일을 혼자 떠맡을 필요는 없어. 지금 할 수 있는 만큼만 해도 괜찮아. 선생님에게 솔직하게 말씀드리고 도움을 구하는 것도 네가 할 수 있는 책임 있는 선택이지. 책임은 모든 걸 대신해 주는 게 아니라 감당할 수 있는 만큼 선택하고 해내려는 마음이니까.

배려씨

협동은 같은 목표를 이루기 위해 서로 도우며 자신의 역할을 해내는 활동이야. 쉽지는 않지만, 우리가 더불어 살아가려면 협동해서 문제를 해결하는 연습이 꼭 필요해. 이번 과제도 그런 연습의 과정이라고 생각하면 조금은 마음이 편해질 거야. 배려씨가 응원할게.

정의씨

공익은 모두가 행복할 수 있도록 생각하고 행동하는 가치 씨앗이야. 네가 친구들을 계속 설득했던 건 모두를 위한 좋은 결과를 내고 싶었기 때문이지? 조별 과제를 잘해 내고 싶은 마음도 있지만 친구들과 즐겁게 하고 싶다고 말해 보면 어떨까?

곰곰이 생각하던 미흐는 단단한 목소리로 말했어요.

"그럼 발표는 내가 할게. 하지만 발표 준비를 나 혼자 하긴 어려워. 민주랑 해성이는 인터넷 검색을 잘하니까 자료 조사를 맡아 줄래? 은지는 그림을 잘 그리니까 꾸미기를 도와주면 좋겠어. 우리가 협동하면 멋지게 잘 해낼 거야."

민주와 해성이는 자신 있다며 의욕을 보였어요.

"그림이 맘에 안 든다고 탓하기 없기다!"

은지가 싱긋 웃으며 말했어요.

"물론이지! 이건 우리 모두의 과제니까, 힘을 하나로 합해 보자!"

동찬이는 책상에 놓인 카드를 열어 보고 깜짝 놀랐어요.

반에서 제일 인기 있는 기석이의 생일 파티에 초대를 받았으니까요. 동찬이가 뒤를 돌아보니 기석이가 엄지척을 해 보였어요. 동찬이는 가슴이 뛰었어요.

'기석이가 나를 초대해 주다니!'

가끔 같이 놀기는 했지만 기석이와 아주 가까운 사이는 아니었어요. 기석이에게는 친구가 너무 많았으니까요.

뜻밖의 생일 초대를 받고 동찬이는 너무 기뻤어요. 기석이의 생일 선물을 사려면 이번 주 용돈을 아껴 써야겠다고 생각했어요. 얼마 전에 할머니에게서 받은 만 원도 엄마에게 맡겨 놓았으니 모아 놓은 돈으로 뭔가 좋은 선물을 할 수 있을 것 같았어요. 동찬이는 토요일이 정말 기다려졌어요.

"동찬아, 너도 기석이 생일에 초대받았어?"

점심시간에 민준이가 물었어요. 민준이도 초대를 받았다고 했어요. 그런데 민준이는 걱정이 많았어요.

"생일 선물로 뭘 사야 할지 모르겠어. 선물 때문에 친구들한테 놀림받으면 어쩌지? 기석이에게 선물한다고 생각하니까 너무 부담스러워."

기석이의 별명은 '패션왕'이에요. 늘 멋있는 옷차림에 비싼 운동화를 신고 다녀요. 그리고 얼마 전에는 최신 스마트폰을 가지고 와서 친구들의 부러움을 샀어요.

기석이는 학교 가까이에 있는 제일 큰 아파트에서 사는데, 집에 게임기도 많고 블록도 종류별로 다 가지고 있었어요. 그래서 어지간한 장난감이나 학용품은 거들떠보지도 않을 것 같다고 민준이가 걱정을 늘어놓았지요.

"촌스러운 선물을 했다가 창피당할 수도 있다고, 작년에 기석이랑 같은 반이었던 진규가 그러더라."

"창피한 선물이 어디 있어? 축하하는 마음이 진짜지."

동찬이가 말하자 민준이는 어깨를 으쓱하더니 한심하다는 듯이 말했어요.

"기석이는 그냥 받을지 모르지만 정호나 규민이가 옆에서 놀릴 게 뻔해. 바쁘다고 하고 가지 말까 봐."

늘 기석이를 따라다니는 정호와 규민이 이야기를 들으니 동찬이도 은근히 걱정이 되었어요. 그렇지만 모처럼 받은 초대를 거절하고 싶지는 않았어요.

동찬이는 진심으로 기석이의 생일을 축하해 주고 싶었어요.

그런데 자꾸만 자신이 없어졌어요.

동찬이는 어떻게 하면 좋을지 깊은 고민에 빠졌어요.

감정씨

기석이가 네 선물을 좋아할지 걱정된다고? 기석이의 생일을 축하하는 네 마음을 어떻게 잘 전달할 수 있을지 마음 구조대에게 물어보자.

우정

배려씨

동찬아, 친구에게 비싸고 화려한 선물을 주어야만 우정이 생기는 건 아니야. 친구의 소중함을 알고 존중해 주는 진심이 가장 귀한 선물이거든. 기석이가 관심 있는 게 뭔지 살펴보고, 좋아할 만한 걸 선물해 보자.

책임씨

윤리적 성찰은 자신이 처한 상황에서 무엇이 바람직한 선택인지, 내 마음은 무엇을 원하는지 깊이 생각해 보는 가치 씨앗이야. 비싼 선물을 주는 것이 친구를 위한 선택인지, 다른 사람의 시선을 신경 쓴 선택인지 스스로 돌아봐. 네 진심이 담긴 거라면 그게 최고의 선물일 테니까.

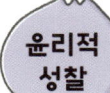

윤리적 성찰

정의씨

기석이는 여러 면에서 너와 많이 다른 친구인 것 같아. 그렇지만 그건 누가 더 낫거나 못한 것이 아니라 단지 '다른' 것일 뿐이야. 인권을 존중한다는 건 모두가 동등하게 대우받아야 한다는 마음을 가지는 거야. 그러니 다른 친구들과 비교하면서 너의 마음이 작아지지 않았으면 좋겠어. 내가 인권 존중 씨앗으로 응원해 줄게.

인권 존중

동찬이는 배려씨의 말을 떠올리며 민준이에게 말했어요.

"민준아, 나는 네가 생일 선물로 준 공룡 스티커가 진짜 좋았어. 내가 공룡을 좋아한다는 걸 기억하고 챙겨 준 거지? 그 마음이 너무 고맙더라. 그러니까 비싸지 않아도 기석이가 좋아할 만한 선물을 골라 보자."

동찬이와 민준이는 가벼워진 마음으로 운동장에 갔어요. 축구를 하다가 둘을 발견한 기석이가 반가운 듯 손을 흔들었어요.

우정이 쌓이듯 마음 씨앗도 쌓였어요.

마음 씨앗 착착!

❻ 지나친 부탁을 다 들어주어야 할까요?

"정민아! 너 사인펜 새로 샀구나! 색깔이 너무 예쁘다."

주아가 말하자 정민이는 가슴이 철렁했어요.

'아이참, 어느새 본 거야. 또 빌려 달라고 하면 어쩌지?'

아니나 다를까, 주아가 다시 말했어요.

"그 금색 사인펜 좀 빌려주라. 한번 써 보고 싶어."

그러더니 정민이가 필통에서 미처 꺼내 주기도 전에 마음대로 가져갔어요. 주아는 몇 글자만 예쁘게 써 봐도 되는 금색 사인펜으로 도화지를 가득 채웠어요. 정민이도 겨우 한 번밖에 안 썼는데 말이에요. 정민이는 속상했지만 아무 말도 못 했어요. 주아가 금색 사인펜을 너무 마음에 들어 하기도 했고, 그만 쓰고 돌려 달라고 했다가는 주아가 삐져서 다른 아이들과 쑥덕거릴 것 같았거든요. 정민이는 한숨이 나왔어요.

이뿐만 아니라 주아는 언제나 아무렇지 않게 짝꿍인 정민이에게 준비물을 빌려 달라고 했어요.

"정민아, 색종이 있어?"

"정민아, 지우개 좀."

"정민아, 알림장 한 장만 뜯어 줘."

어제 수학 시간에도 그랬어요. 정민이는 여러 가지 모양의 삼각형을 그리려고 자를 꺼냈어요.

"정민아, 자 좀 빌려줘. 내가 빨리 그리고 줄게."

정민이가 뭐라고 말하기도 전에 주아는 자를 가져가더니 삼각형을 그리기 시작했어요. 정민이는 가만히 기다렸어요. 그런데 정민이가 아무것도 안 하고 있자 선생님이 한마디 했어요.

"이정민, 삼각형은 안 그리고 뭐 하니?"

정민이는 더는 기다릴 수 없어서 주아에게 말했어요.

"주아야, 이제 자를 돌려줘. 나도 써야 해."

그러자 주아는 기분이 상했는지 정민이 쪽으로 자를 획 집어 던졌고, 자는 바닥으로 떨어져 버렸어요. 그 바람에 선생님이 정민이를 또 쳐다보았어요.

정민이는 주아를 이해할 수 없었어요. 준비물을 가져오지 않았으면 수업 전에 선생님한테 말하고 공동 물품에서 빌려 오면 되는데, 주아는 늘 가만히 있다가 정민이의 물건을 너무도 당당하게 썼어요. 그러다가 정민이가 돌려 달라고 하면 고맙다는 말은커녕 하루 종일 기분 나빠 했지요. 그런 날은 정민이에게 한 마디도 안 하고 다른 친구들하고만 놀았어요.

그리고 오늘 또 주아는 정민이의 새 사인펜을 제 것인 양 쓰고 있었어요.

'친구들이랑은 뭐든 사이좋게 나눠 써야 한다고 배웠는데, 왜 이렇게 속이 상하지? 내가 잘못하는 걸까?'

정민이는 마음이 복잡했어요.

감정씨

정민아! 너는 친구를 배려하고 도움을 주려는 아이로구나. 그런 네 마음도 몰라주고 함부로 대하는 주아가 괘씸하고 짜증도 나겠네.

자아 존중

책임씨

너 자신을 먼저 존중하고 귀하게 여기길 바라. 자아 존중감이 높아지면 네 마음을 당당하게 표현할 수 있을 거야. 그럼에도 친구가 지나친 요구를 하고, 그 요구를 들어주지 않는다고 험담이 돌아오는 상황이라면 선생님이나 부모님께 도움을 요청하는 게 좋아.

성실씨

네 마음이 내키지 않는데도 친구의 부탁을 억지로 들어주며 속상해하지 않았으면 좋겠어. 당연히 죄책감을 가질 필요도 없어. 무례한 부탁 때문에 불편한 감정이 생기는 건 자연스러운 일이야. 이럴 땐 솔직하고 당당하게 거절해 보자. "금색 사인펜은 지금 내가 써야 해. 다음에 빌려줄게." 하고 말이야.

감정 표현

배려씨

우정은 함께 만들어 가는 거야. 그런데 넌 주아와 잘 지내기 위해 많은 걸 내주었지. 그게 진짜 우정이 아니란 생각이 든다면 관계를 정리할 필요가 있어. 친한 친구가 아니라 같은 반 친구로만 지내는 거야. 넌 멋진 사람이고, 좋은 친구는 찾아 보면 많다는 사실을 기억해!

'맞아. 무례한 부탁으로부터 나를 잘 지켜야겠어.'

정민이는 크게 숨을 들이쉬고 주아에게 말했어요.

"주아야, 이제 금색 사인펜 돌려줘."

"아까워서 그러냐? 치사하다."

정민이는 심장이 쿵쾅거렸지만 용기를 냈어요.

"아까워서가 아니야. 네가 내 물건을 함부로 썼잖아. 앞으로는 내 허락 없이 가져가지 말아 줘."

정민이의 단호한 태도에 주아는 뾰로통한 얼굴로 사인펜을 돌려주었어요. 할 말을 하는 것도 내 마음을 가꾸는 방법이에요.

❼ 우리가 정말 친구일까요?

진정한 친구라면 서로 믿어 줘야겠지?

"안녕, 일찍 왔네!"

윤슬이는 교실에 들어서자마자 민하에게 인사했어요. 어제 서로 어색한 일이 있었지만, 윤슬이는 큰맘 먹고 먼저 다가가기로 했어요. 아침부터 엄마한테 잔소리를 들어서 민하에게 위로받고 싶었거든요. 그런데 민하는 윤슬이를 쳐다보지도 않은 채 대충 대답하더니 다른 아이들과 이야기를 계속하는 거예요. 평소 같았으면 자리에서 벌떡 일어나 윤슬이를 안아

주었을 텐데 말이에요.

　윤슬이와 민하는 유치원 때부터 제일 친한 단짝이었어요. 서로 말을 하지 않아도 지금 마음이 속상한지, 배가 고프지는 않은지, 심지어 화장실에 가고 싶은지도 알 수 있었지요. 늘 둘이 붙어 다녀서 쌍둥이 아니냐는 소리까지 들을 정도였어요. 그런데 요즘 들어 민하가 달라졌어요.

　어제 체육 시간이 끝나고 교실로 돌아왔을 때였어요. 민하가 핸드크림을 바르길래 윤슬이는 그 앞으로 가서 손을 내밀었어요. 핸드크림을 짜 줄 거라고 생각했기 때문이에요.

"어쩌라고?"

하지만 민하는 짜증스러운 얼굴로 물었어요. 윤슬이는 당황했지만 일부러 더 어리광을 피우면서 손을 내밀었어요.

"으응! 나도 줘야지이이이~."

"너는 말도 제대로 못 하니? 빌려 달라고 하면 되잖아."

민하는 쌀쌀맞게 핀잔을 주면서 윤슬이의 손에 핸드크림을 조금 짜 주더니 얼른 가방에 넣었어요.

'설마 아까워서 그런 거야? 어떻게 나에게 이럴 수 있지?'

자리로 돌아온 윤슬이는 일부러 뾰로통한 표정으로 앉아 있었어요. 그래도 민하는 마음이 가장 잘 맞는 친구니까 윤슬이의 속상한 마음을 위로해 줄 거라고 믿었지요. 그런데 민하는 윤슬이를 쳐다보지도 않았어요. 윤슬이는 섭섭해서 눈물이 날 것 같았어요.

그날 저녁, 윤슬이는 괜히 동생에게 심통을 부리다가 엄마한테 야단을 맞았어요. 방으로 들어간 윤슬이는 늘 그랬던 것처럼 민하와 통화하고 싶어서 핸드폰을 만지작거렸어요. 하지만 민하에게서는 전화도, 문자도 없었어요.

'혹시 민하에게 나보다 더 좋은 친구가 생긴 걸까? 아니면 나한테 화가 났나? 왜?'

윤슬이는 속상한 마음에 뒤척이다가 늦잠을 자 버렸어요. 그래서 오늘 아침에 엄마에게 잔소리를 듣고 학교에 오게 된 거예요.

윤슬이는 민하가 왜 자기와 거리를 두는지 이해할 수 없었어요. 차라리 말을 해 주면 좋겠는데, 왜 그러는 걸까요?

감정씨

갑자기 변해 버린 민하 때문에 윤슬이가 속상하겠구나. 특별히 잘못한 것도 없는데 민하가 너를 피한다고 생각하니 화도 좀 나겠네.

배려씨

아주 친한 친구 사이여도 예의 바른 행동이 꼭 필요해. 예절은 어렵고 딱딱한 것이 아니야. 친구의 마음을 헤아리면서 말하고 행동하는 거지. "내가 기분 나쁘게 한 일이라도 있니? 나는 너와 다시 잘 지내고 싶어."라고 조심스럽게 물어보거나 편지를 써 보면 어떨까?

책임씨

윤슬이에게는 긍정 씨앗이 필요하겠는걸! 혹시라도 민하에게 말 못 할 사정이 있을 수 있으니, 그 마음까지도 이해해 주려는 너의 긍정적인 태도가 우정을 다시 이어 주는 다리 역할을 할 거야. 우정이 변했다고 낙담하는 대신, 그동안 민하에게 받았던 배려에 대해 고마움을 표현하면 좋을 것 같아.

정의씨

인권을 존중한다는 건 겉으로 보이는 차이를 받아들이는 것뿐만 아니라 기분, 감정, 선택도 인정해 주는 거야. 민하가 너와 거리를 두고 싶어 하는 건 민하의 마음과 선택이야. 친한 사이일수록 친구의 감정과 선택을 존중하며 기다려 주는 태도가 필요해.

인권 존중

윤슬이는 갈수록 생각이나 성격이 민하와 달라지고 있다는 사실이 섭섭했어요. 하지만 진정한 친구가 되기 위해서 서로의 다름을 인정해야 한다는 걸 받아들이기로 했어요. 그리고 민하의 마음과 선택을 존중하며 기다릴 줄 아는 용기도 필요하다는 걸 깨달았지요.

'민하에게 편지를 써야겠다. 다시 내가 편하게 느껴질 때까지 기다리겠다고 말이야.'

땡그라아앙! 마음 씨앗이 모이는 소리가 우렁차게 울렸어요. 착착이가 그 어느 때보다도 밝고 환하게 웃고 있었지요.

드디어 착착이가 마음 씨앗으로 가득 찼어요.

마음 구조대는 이제 마음 나라로 돌아갈 수 있을 거라며 신나 했어요.

"우르릉 쾅!"

그때 커다란 소리와 함께 회오리바람이 마음 구조대를 향해 몰려왔어요. 감정씨는 두려움에 휩싸여 얼굴이 일그러졌어요. 배려씨는 불안에 떠는 감정씨를 꼭 안아 주었지요.

"이게 웬 바람이지? 모두 조심해!"

성실씨가 당황해하며 말했어요.

"으악, 회오리바람이 코앞까지 왔어!"

정의씨의 말이 끝나기가 무섭게 마음 구조대는 회오리바람 속으로 빨려 들어갔어요.

휘오오오, 우당탕탕!

마음 구조대는 땅으르 쿵 떨어졌어요.

"여기가 어디지?"

가장 먼저 정신을 차린 책임씨가 말했어요. 그리고 눈앞의 광경을 보며 소리쳤어요.

"애들아, 빨리 일어나 봐!"

"우아!"

"세상에!"

"정말 멋지다!"

마음 씨앗들로 하나들씩 꽃을 피운 마음 정원이 아름답게 펼쳐져 있었어요. 마음 나라는 향긋한 꽃향기로 가득했어요.

그때 마음 나라의 임금님이 나타났어요.

"모두 수고했다. 게을러져병이 완전히 나았구나. 마음 씨앗의 힘이 한꺼번에 모이면 회오리바람을 일으키기도 한단다. 덕분에 아주 빨리 돌아왔구나. 하하하."

임금님이 즐거워하며 말했어요.

마음 구조대는 이곳저곳을 다니며 꽃을 구경했어요. 그러다 감정씨가 잡초만 가득한 정원을 발견했어요.

"임금님, 왜 저쪽 정원에는 꽃이 안 피었나요?"

"아직도 너희 도움이 필요한 아이들이 많아서란다. 그렇지

만 방금 돌아왔느니 어서 가서 쉬거라."

임금님의 말을 듣고 마음 구조대는 망설였어요.

"다시 인간 세상으로 내려가야 할까?"

"아냐, 지금 막 왔잖아. 좀 쉬고 싶어."

"그러다가 또 게을러져병에 걸리면 어떻게 하지?"

"뭣보다 힘들어할 아이들은 어쩌고……."

잠시 침묵이 흘렀어요. 하지만 모두 약속이나 한 듯 한목소리로 외쳤지요.

"우리가 도와주러 가자!"

마음 구조대의 가치 씨앗

성실
해야 할 일을 꾸준히, 끝까지 해내려는 마음이야. 작은 일도 정성스럽게 진심을 다하는 모습이 바로 성실의 힘이야.

정직
숨기지 않고 사실대로 말하는 거야. 정직한 사람은 성실하게 살기 위해 결코 거짓말을 하지 않지. 성실과 정직은 서로 믿음을 키우는 짝꿍이야.

인내
힘들고 지칠 때도 포기하지 않고 끝까지 해 보려는 마음이야. 인내는 끝까지 성실하게 해 주는 가치이기도 하지.

감정 표현
내 감정을 솔직하고 건강하게 표현하는 거야. 감정을 숨기거나 꾹꾹 참기만 하면 언젠가 폭발해서 성실하게 해 나갈 수가 없어.

자주
스스로 생각하고 결정하려는 가치야. 자주적 결정을 실천하게 되면, 더욱 진심을 다해 끝까지 해 보려는 힘이 생기지. 그게 바로 성실의 시작이야.

충동 조절
생각과 감정을 조절해 더 좋은 선택을 할 수 있도록 돕는 가치야. 기분이나 욕심대로 행동하지 않고

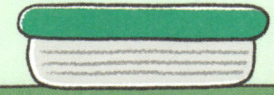

해야 할 일을 차근차근 해내려는 태도가 성실과 닮아 있지.

자율
스스로 정한 약속을 알아서 지키는 거야. 남이 시켜서가 아니라 내가 정한 일을 끝까지 해내는 건 성실한 사람만이 할 수 있지.

배려
다른 사람의 마음을 헤아리는 거야. 말 한마디도 조심하고 상대방의 마음이 불편하지 않도록 행동하는 거지. 물론 내 마음도 잘 살피면서 배려해야 해.

우정
친구와 서로 아껴 주고 도우며 마음을 나누는 가치야. 배려가 깊어질수록 우정은 단단해져.

공감
상대방의 마음을 내 마음처럼 느끼는 거야. "그랬구나." 하고 고개를 끄덕이는 순간, 공감의 씨앗이 자라나지.

협동
협동은 서로 힘을 모아 함께하는 거야. 뭔가를 같이 하면서도 친구가 힘들어하지는 않는지 살펴보고, 도움을 주고받아야 해. 그래서 협동에는 배려의 마음이 꼭 필요하다는 걸 알아 둬.

예절
말과 행동을 조심스럽고 예의 바르게 하는 거야. 배려하는 마음을 행동으로 보여 주는 것이 바로 예절이지.

인권 존중
나와 다르더라도 상대방의 생각이나 마음을 인정하고 귀하게 여기는 가치야. 인권 존중이 없으면 정의는 바르게 설 수 없어.

공익
나만 생각하지 않고 모두를 위한 좋은 것을 선택하는 거야. 공익은 정의로운 행동에 꼭 필요한 기준이 되지.

정의
옳음을 알고 바르게 행동하는 거야. 잘못된 일에 "아니야!"라고 용기 있게 말하긴 쉽지 않아. 그래서 정의는 용기와 함께 움직여.

공정
누구에게나 똑같이 차별 없이 대하는 거야. 한쪽으로 기울지 않는 양팔저울처럼 공정은 모두를 공평하게 바라보고 바른 판단을 하려는 가치지.

있도록 도와주지.

아름다움에 대한 사랑
겉모습만이 아니라 마음속 아름다움도 발견할 수 있는 눈이야. 책임감 있는 사람은 노력과 진심을 알아볼 수 있어서 진정한 아름다움을 느낄 수 있어.

윤리적 성찰
윤리적 성찰은 '이게 정말 바른 행동일까?' 하고 한 번 더 생각해 보게 하는 가치야. 책임감 있는 사람은 행동에 앞서 다른 사람에게 피해가 되지는 않는지, 내가 지켜야 할 약속은 없는지를 떠올려 보지.

책임
내가 한 말과 행동을 끝까지 지키고 마무리하려는 가치야. 뭔가 실수를 했을 때 도망치지 않고 바로잡으려는 태도이기도 해.

자아 존중
스스로를 소중히 여기는 마음이야. 자아 존중감이 높으면 자기 자신을 잘 돌보려는 책임감도 커지게 돼.

긍정
어려움 속에서도 좋은 점을 찾아보려는 힘이야. 긍정은 책임을 미루지 않고 더 좋은 방법을 찾을 수

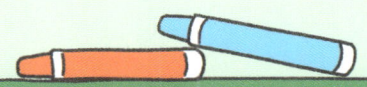

감정 조절부터 관계 해결까지
우리 학교에 마음 구조대가 떴다!

초판 1쇄 발행 2025년 10월 29일

글 박영주 변지선 | **그림** 김잔디
펴낸곳 올리 | **펴낸이** 이원주
기획편집 최현정 장혜란 정선우 김수정 | **디자인** 전성연 김다현
온라인홍보 박미진 | **마케팅** 양근모 권금숙 양봉호 신하은 현나래 최혜빈
디지털콘텐츠 최은정 | **해외기획** 우정민 배혜림 정혜인
경영지원 김현우 강신우 이윤재 | **제작** 이진영

출판등록 2006년 9월 25일 제406-2006-000210호
주소 서울시 마포구 월드컵북로 396 누리꿈스퀘어 비즈니스타워 18층
전화 02-6712-9800 | **팩스** 02-6712-9810
이메일 allnonly.book@gmail.com | **인스타그램** @allnonly.book

ISBN 979-11-94755-96-8 73190

• 책값은 뒤표지에 있습니다.
• 인쇄 제작 및 유통상의 파본 도서는 구입하신 서점에서 바꿔드립니다.
• 저작권법에 의해 한국 내에서 보호를 받는 저작물이므로 무단전재와 복제를 금합니다.
• 올리 _ all&only는 쌤앤파커스의 어린이 브랜드입니다.

   품명 도서   **제조자명** 쌤앤파커스   **제조년월** 2025년 10월   **제조국** 대한민국
KC마크는 이 제품이 공통안전기준에 적합하였음을 의미합니다.